Biblioteca Era

Pablo Soler Frost
●
Cartas de Tepoztlán

Pablo Soler Frost

•

Cartas de Tepoztlán

Ediciones Era

Primera edición: 1997
ISBN: 968-411-402-8
DR © 1997, Ediciones Era, S. A. de C. V.
Calle del Trabajo 31, 14269 México, D. F.
Impreso y hecho en México
Printed and made in Mexico

Este libro no puede ser fotocopiado ni reproducido
total o parcialmente por ningún medio o método impreso
o virtual sin la autorización por escrito del editor.

*This book may not be reproduced, in whole or in part,
in any form, without written permission from the publishers.*

Al que sube la montaña

Aquel error era demasiado profundo para ser definido ideológicamente; en abreviatura, puede llamársele el culto de la Naturaleza. Podría llamársele con igual razón el error de la naturalidad; y fue un error muy natural, ciertamente.

G. K. Chesterton, *San Francisco de Asís*

Me vi todo solo al pie de un collado selvático, espeso, lexano a poblado, agreste, desierto, e tan espantable.

Íñigo López de Mendoza,
Marqués de Santillana,
"Defunnsión de don Enrique de Villena"

Carta primera

Tepoztlán, Morelos, a 28 de marzo de 1995

Fac secundum exemplar quod tibi
ostensum est in monte.
Éxodo, XXV, 40

Querido amigo:
Tepoztlán es un pueblo, en el municipio del mismo nombre, en el estado de Morelos, latitud 18° 59' 00" norte y que tiene longitud en los 99° 05' 54" oeste. La gran bajada de la meseta central remata allí, en esas tierras, su descenso, con unos torreones de piedra impresionantes, de basalto y tepetate. Arriba, la vegetación es como la de la meseta: pinos oyameles, zacates, hayas. A medida que uno baja, aparece la vegetación de montaña subtropical, como el café; pero también hay manzanos y, en el valle ya, limoneros, ciruelos, jacarandas. La forma del pueblo, enclavado en el valle, es la de una cuadrícula algo excéntrica: las faldas de los cerros impiden la construcción de pasos o de calles rectos. Ocho barrios y varias colonias recientes lo componen. El municipio lo integran cinco pueblos tradicionalmente agrupados alrededor de Tepoztlán, que es la cabecera, o asiento, de los poderes.

Hoy, por la tarde, iba regresando, cargado con el hielo, –sabe usted que no tengo refrigerador–, hielo que hay que comprar diariamente, pues aquí las cosas se descomponen rapidísimo, cuando, donde está la cancha de básquet, vi las montañas orientales de Tepoztlán, rumbo a Tlayacapan, prendidas, como si tuviesen melenas de fuego: altavoces convocaban a la plaza. Un poquito más tarde, ya anocheciendo, que salí, el incendio se destacaba claramente contra el cielo; fuego, el temible fuego que prende violento. Estamos en tiempo de secas; y hasta mayo o junio, depende, no se espera el agua. De modo que "hills are filled with fire" (Morrison). Los cerros son el anillo de cobre que ciñe Tepoztlán, de modo que, si se extendiese, tendríamos el horrible fenómeno de estar encerrados, como tigres o aventureros de siglos pasados, en un círculo de fuego y de humo. Todas las montañas que se agolpan alrededor del pueblo están tan secas: semejan teas, iba yo pensando, mientras bajaba por la avenida del Tepozteco a la calle de Jardinera, en el barrio de La Santísima, en donde tiene usted su casa.

El montañerío es un anillo del que se echa de menos "solamente la piedra [por joya] que al Creador faltó ponerle" (Zúñiga, 1994[1]). Redfield (1930) escribió que Tepoztlán "yace en el foco de una parábola de montañas, cuyo brazo norte es la última muralla escarpada; su brazo sur es menos alto... abriéndose la parábola en dirección sudeste... Tepoztlán... está oculto" tras su frontera serrana. Me gustaría invitarle desde su lejana isla para que viera estos cerros que se elevan seiscientos metros arriba del pueblo, hasta una altura de dos mil cien metros sobre el nivel del mar en la costa pacífica. Desde sus cimas puede verse la mayor parte del estado de Morelos y parte de los estados de México y de Guerrero. Del Tlahuiltépetl o Cerro de la Luz pueden verse no tan sólo los paredones de los vecinos Chalchitépetl, Cematzin, Cerro del Hombre y otros no menos imponentes, sino incluso el límite morelense, las tres jorobas de Chalcatzingo. Y desde el Chalchitépetl, en días claros, se miran muy bien los dos héroes de piedra de la historia trágica del México central, el Iztaccíhuatl y el Popocatépetl; y para el otro lado, el triste smog de Cuernavaca, y el pedregal de San Andrés y, más allá, bajo los círculos de zopilotes, las secas montañas de Guerrero.

Déjeme decirle que creo que quienquiera que contemple Tepoztlán se siente maravillado por la altura, por la extensión y la amplitud, y lo intrincado de sus cerros, aunque conozco gente a la que los cerros la agobian o la sofocan, porque siente o le parece que se le van a venir encima. No es raro este arrobo, ni tampoco el verdadero temor que siente la gente. Las montañas han inspirado siempre sagrado respeto si no es que horror y terror a los hombres de cualquier cultura. Y aun nuestra civilización, que no se distingue, como la suya, por su amor prístino por la naturaleza, posee multitud de usos y costumbres de y para la montaña. Las cimas esconden poderes extraordinarios. Son lugares de acecho del Creador de todas las cosas. La Sierra del Tepozteco, dada su magnificencia y dado lo distintos que son entre sí sus cerros y frente a los montes de otras partes de México, no escapa a este universal maravillarse: ha poseído ese carácter numinoso, que Rodolfo Otto define como el "misterio tremendo", que no es sino ese pavor o ese éxtasis frente al Ser que se cierne sobre sus creaturas, ese Dios al que "la creación entera lanza un gemido universal" (Rom. 8, 22).

Otros cerrones hay que son puntos de adoración en el centro de México, pero ninguno semejante a Tepoztlán, si se exceptúan las formaciones rocosas de otros dos centros de peregrinaje: Malinalco y Chalma, y Chalcatzingo.[2]

Del reino de las piedras posibles estas montañas se elevan a alturas impresionantes, mismas que les dan aspecto de fortaleza, aunque habría que acotar que más bien los castros y los burgos, toda almena y toda fortaleza copian estas eminencias, inaccesibles. Son cerros todos tajados que culminan en precipicios. A esto se aúna el misterio de la variedad de sus formas y la singular especie por como han sido cinceladas por el viento y por las aguas, poderes grandes, y por la magia misma del rey Tepozteco, si nos atenemos a lo que saben los lugareños, porque éste es un pueblo prehispánico, unido por lazos de sangre y tradición fáciles para quien está adentro y difíciles para el fureño.

Picos, torres, almenas, paredes, dados, corrimientos, cabezas, esfinges, murallas, barcas, animales, hombres; todas, pareciera, las formas que han adoptado naturaleza e industria, las adoptan aquí piedras. En un desfile prodigioso andan peñas de tepetate y de basalto con paso tan solemne que nadie nota su andamiento y, cuando parecen moverse, más semejan animales, señores, potestades, armas y herramientas. Todos cortados, son cerros de mucho relieve: esconden cuevas y galerías. No está de más recordar que "los símbolos de la montaña y de la caverna tienen uno y otro su razón de ser y que hay entre ellos una verdadera complementareidad", como establece el *I Ching*, libro que uno ha consultado varias vecespara el cruce de las grandes aguas.

Cada distinta hora del día o de la noche y según sea tiempo de aguas o tiempo de secas, luces y sombras cambian las figuras que se animan en sus farallones. De modo que, aunque inmóviles, los cerros parecen moverse. Así escribió Carlos Pellicer, que usted sabe aquí vivió muchos años y fue muy querido, en su poema "Tempestad y calma en honor de Morelos":

Si las palabras vinieran para decir, Morelos,
vendrían ocultas en esos nubarrones de piedra
que a unos cuantos kilómetros nos miran:

La tempestad de rocas de Tepoztlán, vecina,
el huracán de piedra de Tepoztlán, que avanza...

Como si la vista panorámica del conjunto de la montaña fuera la mejor hay quien se contenta con echarle un ojo desde el llano a los majestuosos labramientos de la obra. Y puede ser que para ver el conjunto de la montaña uno deba estar fuera del valle; entonces, la sierra entera aparece propuesta como un enigma. Raros atardeceres en que las montañas parecen de cobre que reverbera bruñido a los últimos rayos del sol, o noches de tormenta eléctrica que impetran en uno las figuras mientras que en su blanco, casi plateado, fulgor, se destaca la pirámide.

Pero es dentro de la montaña, subiéndola, como podrá ser sentido este enigma. Así lo hacen los fuereños; lo mismo los tepoztecos, en particular en la noche del día 7 de septiembre y a la mañana siguiente, año con año. Esa noche y esa mañana se sube, corriendo, el Tlahuiltépetl, hasta el teocalli en ruinas. Es el Altepeilhuitl, una fiesta de motivos tanto anteriores como posteriores a la conquista, con que se conmemora el bautismo del último rey de Tepoztlán.

Se parte, para subir al Tepoztecalli, de la avenida del Tepozteco, otra muestra del profundo lazo de unión que hay entre pueblo, tradición y montaña. Se llega a Axitla, que es como decir "ojo (ombligo) de agua", en donde hay un árbol, viejo en el cariño y en la ira de los vientos, un ahuehuete partido en su corazón, que sirve de umbral. Y hay en él un como pasaje que llega a un lugar de piedras y de casas, y allí comienza la montaña. Allí en Axitla están los manantiales y la Cruz del Bautisterio, donde es fama que Cihtli, el último monarca independiente de la zona, se convirtió, episodio conservado por fray Domingo de la Anunciación, en una pieza de teatro evangelizador, escrita en náhuatl, que hoy todavía se representa a pesar de las dificultades del texto, y que lleva por nombre El reto del Tepozteco: dicho reto es el de Cihtli a los otros reyes de la zona, aún no bautizados, para que crean, como él creyó.

Prosigue nuestra ascensión: se llega entonces a la encrucijada: si se tomara la vereda derecha, llegaría uno a Los Corredores, una gruesa hendidura en la roca; a la izquierda, por una puerta disimulada, al Jardín del Tepozteco, y a los tecorrales y cuevas que llevan hasta el Cerro del Hombre o al barrio de Santa Cruz. Pero si uno se sigue derecho, comienza la pendiente: son los ochocientos escalones de piedra, que fueron antes hombres y guerreros, hasta que los encantó el rey Tepozteco: llevan, zigzagueando, al teocalli. Hay escalones seguros y otros arriesgados. Como una tripa de borrego va subiendo la sombreada escalera entre riscos y cuestas, senderos y caminos falsos, lindes y estrechos, hasta la escalera de fierro que lleva a la pirámide. Un tanto antes, desviándose a la izquierda en el lugar donde hay una cruz de metal que conmemora la muerte de un alpinista en 1965, puede uno ir hacia San Juan Tlacotenco, o hacia la cima misma del Tlahuiltépetl. Hay un paso difícil, entre dos farallones y lugares de emboscadura y lugares de emboscada. Subir al Tlahuiltépetl de pronto se vuelve denso y claro como un sueño en el cual hubieran anidado vagos presentimientos, o como una visión conjurada que augurase las siguientes verdades. Dios habita en la montaña. Cuánto esto se ha olvidado en los vaivenes de las cosas. Ir subiendo es ir respirando. Y cada vez más, hasta llegar a los círculos de rocas que parecen arreglados para una ceremonia que no hemos contemplado, y hasta hollar laderas que parecieran nunca perturbadas.

Antigua es, en verdad, la montaña, condecorada en tormentas de acero ya olvidadas; hecha de tierra y de sangre y de fuego, ha sido testigo del pasaje de muchos tiempos y, dentro de ellos, contenidos, muchos poderdantes y pobres y víctimas y perseguidores, y, miles de veces, del cometa que nos visita cada setenta y pico de años y que es un poderoso símbolo de nuestra propia errancia. La montaña representa al mundo como el mundo podría ser. Lleno de vida, de sensibilidad, de lazos, de lealtades, de conquistas. Es necesario ver las muchas ropas de la montaña: piedra desnuda, piedra dibujada por los musgos, piedra deshecha, piedra firme, árboles, hojarasca, arbustos, flores, raíces, riachuelos, hondonadas, escalones: como hachas de luz se destacaban entre las nieblas industriales de los llanos. La montaña cambia, hora con hora, como el actor más sutil que se hubiese visto nunca en un escenario, sus disfraces.

Y, en lo muy alto, la guarida de las águilas, una pareja y

su par de aguiluchos, próximos señores de los valles y las cumbres serranas.

Contrariamente al venerado T'aishan, en Shantung, el Tepozteco no está poblado de pequeños templos, ni de ermitas, ni de pabellones, ni está poblado por monjes, ni por extraviados, ni por los que se han hallado perdiéndose. No se cruzan las grandes puertas rojas, ni se sube admirando la caligrafía de maestros de antaño. No se ven los poéticos paisajes determinados por la tradición imperial. Ni hay la piedra, tras túmulos y templos y otras piedras, en donde hay un poema perfecto grabado; y en su superficie pulida no hay nada.

Así es T'aishan. En el Tepozteco está tan sólo el arruinado teocalli, del cual lanzó cerro abajo los "ídolos" fray Domingo de la Anunciación. La pirámide, el puesto del INAH y algunas cruces erigidas allí por valientes deportistas son sus edificios. Lo demás es pura roca.

Así no era antes. No fue así. Hay que pensar, aunque todo esto sea historia ya muy antigua, historia ya muy olvidada, que aquí hubo banderas, ofrendas, ídolos, artefactos, entierros y oblaciones; chocolate, chapopote, sangre, combates gladiatorios, y que fue tan sólo el sumo celo de los evangelizadores el que limpió la montaña de su antigua parafernalia. Para los extraordinarios hombres del siglo XVI no había salvación fuera de la Iglesia, como no la hay para extraordinarios otros en este siglo. *Extra Ecclesiam nulla salus*. Y al derribar a los ídolos y rasgar las banderas y derruir los templetes y usar sus piedras para la fábrica de los conventos, los frailes agustinos y dominicos no hicieron sino lo que su obligación frente a Dios les exigía. El cerro está limpio de edificios; y si hay ofrendas e invocaciones, que las hay, tienen éstas un carácter reservado. Y están las cruces, colocadas allí por piadosos atletas. Cruces hay, sobre muchos cerros en México, a semejanza del Calvario; del Cubilete, centro geográfico de México a una elevación sobre San Juan Chamula, con sus tres cruces verdes cubiertas de flores, esparcidos sus alre-

17

dedores de juncias. No he logrado ver un lagarto que le llaman "semáforo" y es venenoso. Ayer vi unos pajaritos, casi le podría decir que los más pequeños que he visto: estaba yo como embobado siguiéndolos con la mirada, cómo iban de rama en rama –parece que entre más chiquitos, más nerviosos son–; un vecino que pasaba, cargado con dos cubetas amarillas llenas de agua, me dijo que se llaman "primaveras". El agua se vuelve un problema para todas las casas sin cisterna: hay también muchos pozos clandestinos. Me imagino que eso puede haber o pudo haber habido, por allá, en su tierra de usted: de seguro que, siendo sus cultivos tan dependientes del agua, debe haber muchas regulaciones y muchas maneras de evitarlas.

Espero que en su país de usted estén los cerezos cargados de flores, y disfrute usted más que nunca tan hermosa tradición como es el contemplarlos. ¿Cómo siguen sus estudios? Me acordé ayer mucho de usted y de su luminoso ensayo sobre Jünger, ese centenario oriente. Primero Dios y tuviéramos oportunidad de bebernos unas maltas a su salud. Prometo escribirle pronto. Su amigo afectísimo. Pablo.

Carta segunda

Tepoztlán, Morelos, a 5 de abril de 1995

Querido amigo:
El incendio que comenzó el día 30 apenas se extinguió. Y mire que aquí no faltan voluntarios, tanto gente del pueblo como gente avecindada, para intentar apagarlo. Pero tuvieron que venir varios camiones de soldados, y jeeps con militares de alta graduación, y otro camión de comunicaciones e incluso una ambulancia del ejército: y ellos fueron los que ayudaron a la gente a controlar los fuegos. Apenas mudado y sin mudarme: he venido a ver pasar las cuatro estaciones, pues quiero escribir un libro que esté apegado a ese tránsito. Todo es muy nuevo para mí y es de siempre. Me sorprendió la cantidad enorme de gente que vino a recibir la entrada oficial de la primavera a la pirámide. Como dice mi madre, medio en serio: "Quinientos años de evangelización para que al primer eclipse todo mundo se vaya a las pirámides". Aquí fue muy impresionante; y creo que no se lo había contado en mi carta anterior. Éste es un país raro, de verdad. Existe un origen real de la incontrolable afluencia de gente que inunda Tepoztlán, para bien o para mal, cada día de fiesta o de descanso mexicanos. Figúrese usted que las montañas que rodean al pueblo de Tepoztlán han sido, desde tiempos inmemoriales, un lugar de peregrinación, de sacrificio y de reverencia. Ni siquiera la evangelización pudo extirpar por completo las tradiciones y la religión indígenas, y eso que la evangelización es quizás la fuerza moral más apabullante que ha cruzado este dolido escenario que es nuestra nación.

Que el mundo en sí es profano; que es lugar de profanación está escrito y sería inútil abundar en ello; pero a lo anterior se sigue que en este mundo hay lugares numinosos, es decir, lugares en donde Lo Sacro se manifiesta. Y esto ha sido con suficiencia descrito en incontables tradiciones. "Hay las cosas del espíritu, [pero] en los ojos de los hombres se entenebrecen", como dijo Black Elk, el gran sabio de la Nación Oglala.

Como usted me escribe, no es la Sierra del Tepozteco el único montañar que posee este nimbo numinoso que se traduce como una tradición de ofrenda. Comparte, con las otras montañas veneradas, el hecho de estar formadas por cortes y por tajos, de ser inconfundible obstáculo, imposible fábrica en el horizonte.

Tiene usted razón al considerar que las montañas que desde antiguo se han considerado sagradas son esencialmente distintas del resto de las montañas de la tierra en su configuración física, por supuesto, pero es evidente que también en su configuración metafísica.

Estos que hemos vivido son siglos oscuros: máxime, "el periodo actual es una fase de oscurantismo y de confusión...", a decir de Guénon. Desde hace mucho lo nuestro está confundido. Puede verse en nuestra patria desde los albores de su independencia. Lo atroz ya no extraña a la gente civilizada. Occidente mismo es ya un cárcamo vacío, un sepulcro blanqueado, un repetido ritual sin brillo ni significado, a excepción de ciertas cimas. Como usted me hizo notar, una vez, en Nikko: se ha vuelto común que el camino a un sitio de religión esté sembrado de cosas y de enseres profanos. No sólo eso, sino el que, como en el templo de Jerusalén, los mercaderes estén ya establecidos dentro de las iglesias y de los lugares numinosos, en donde se siente Su Presencia, la Presencia Santa y Terrible del Creador, la misma que se manifestara en la zarza encendida.

Así es en los grandes y pequeños centros de peregrinación de todo el mundo, no nada más en occidente: el desorden comercial y la corrupción rodean la Villa de Guadalupe. Ella, la Virgen que no hizo tal con nación alguna, en su santuario recibe a sus fieles, que afuera han de padecer entre lodo, envases y escupitajos las ofertas, los asaltos. Cercan los bancos y los autocares a la Virgen de Montserrat; al santuario de Ise, el más santo de todo el Imperio del Sol, lo rodean los estacionamientos y tiendas de helados y amuletos; Asakusa, un popular templo de Tokio en donde se venera al *bodhisattva* Kwannon (Avalokitesvara), está cercado de casas de entretenimiento desde el siglo XVIII; en China, multitud de puestos acompañan el ascenso de la sagrada T'aishan y, arriba, entre las nubes, un hotel y un teleférico dan fe de la profanidad maoísta. El tianguis de Chalma, el mercado de Zapopan, el centro comercial de Uxmal. Se adore a la Virgen, o al Buda de la Compasión, o al Señor Cristo, así ocurre.

El mundo está tan revuelto, la gente se ha olvidado de tanto, sí, pero, en los muchos momentos de angustia, se desea ir en peregrinación a ver si así es posible remontar el pecado de haberse olvidado de Dios, del culto y del sacrificio. Y cuando se llega allí, están los turistas y los comerciantes. Y este su comercio no es como el de vender refrescos, o té, que también se venden a un lado. Lo que se vende es parte, o así se quiere, de la religión. Los establecimientos están como aledaños del templo o del monte, o río. No son un puesto cualquiera sino tiendas de estampas y crucifijos o de tablillas de madera o de buena fortuna, puestos de milagros. Piedras de poder, bastones de poder, oráculos, ¿cómo distinguir, en una tienda opulenta de supersticiones, la buena estampa de la mala? Toda la parafernalia del *new age* para que se confeccione una fe como quien escoge géneros está allí. Su hálito relativista está empozoñando muchas cosas. Está envolviendo a los creyentes tradicionales.

Sea de ello lo que fuere aquí, este pueblo envuelto también en el anillo de la fe católica ha conservado, sin embargo, el recuerdo de su dios propio, el Señor Tepozteco. Desde hace tiempo Tepoztlán ha tenido fama de ser un sitio fuerte, de ser un umbral. Como escribe don Ángel Zúñiga Navarrete: "Ya por varias regiones del país, Tepoztlán ha creado fama de que todos los tepoztecos practicamos la brujería". Hoy es también lugar de culto de varias seudodisciplinas esotéricas lo mismo que de alguna disciplina esotérica venida de afuera. Ambas, curiosamente, tienden a mezclarse con prácticas propias del pueblo. ¿Hasta qué grado es imposible precisarlo? Uno siente que está en el umbral de múltiples senderos, pero "la vía e smarrita", como escribió Dante.

La gente va en busca de una prueba espiritual; y se contenta con volver a su casa con una prueba física: un milagrito comprado en el tianguis, una estampa o una campana mercadas en el lugar sagrado. Y no hay allí un *stárets* ni una colmena; hay, sí, sabios de las tradiciones quebradas del México idéntico.

¿Qué es estarse solo en la montaña? De pronto, el aire trae las campanadas, o los cohetes, o el camión del que vende naranjas; y de pronto, el puro silencio, y de pronto una flauta o el tun-tun del *teponaxtle*. Hasta aquí llega la rebaba de la caída de occidente. La inmensa tristeza y la gran violencia que acompañan a estas caídas no han de dejar a nadie, ni aun al emboscado, incólume. Pero los derrumbes toman tiempo. Dígalo si no quien quisiere ir en contra de estos cerros de Tepoztlán, cuyos habitantes los han defendido en contra de las intrusiones idiotas del mercantilismo, al que, evidentemente, la religión y todo sentimiento natural le importa únicamente como un trafique. Hasta la fecha el pueblo se ha resistido a un teleférico, un tren y un campo de golf, que trae medio removido al pueblo. Aquí bien dicen que el tepozteco habla poco: que las acciones son sus palabras.

Ir a uno de estos lugares sagrados se vuelve difícil para el que busca el sosiego de Dios, o de los kami, que un lugar así puede proporcionarle. Se va en busca, pero hay primero que atravesar la maraña supersticiosa que los rodea. La prueba de la oscuridad total y completa de nuestras postrimerías es ese pulular del mercado. Es más que nunca angosta la línea recta o quebrada, hasta el lugar del verdadero peregrinaje, sin que los tratos, ni los consumos, ni la cercanía del dinero, enreden nuestra alma ni fatiguen nuestros pasos.

"Ir a un lugar sagrado debe representar un esfuerzo", me dijo usted, ¿se acuerda?, cuando íbamos a Kamakura. En este sentido las montañas y las cumbres, de suyo pilares entre el cielo y la tierra, permanecen como lugares de poder. Que la venta se quede allá, en el llano: subir siempre cuesta, de suyo. La montaña, dejó escrito René Guénon, "representa naturalmente al *Centro del Mundo* ante el Kali-Yuga". La montaña es el signo del aquietamiento para quien la contempla entera desde abajo o desde su cima; se regocija en su alrededor: y trepándola es como se adquiere el sosiego. La montaña es "la desembocadura del espíritu en el ser. Es lo que atrae y retiene la impresión de realidad como el pararrayos al rayo... [y] desde el momento en que el lugar tiene la capacidad de acoger en su seno lo que una sociedad dada percibe como lo divino, todas las sociedades determinadas por la religión tendrán que reconocerlo como el punto de apoyo de su experiencia... el lugar como tal seguirá presente en el centro de la conciencia del mundo..."³

Le mando los timbres que usted me pidió: espero que le guste en particular el Hidalgo de 1853: lo compré cuando era yo muy niño, en una filatelia que había en la calle de Londres, en la ciudad de México: no me acuerdo por qué ese día tenía yo dinero. No vaya a creer que cualquier tarde podía yo ir por timbres. Primero tenía que convencer a mi padre de que cruzáramos la ciudad; y, como le digo, por regla general, no tenía yo un quinto. Pero esa tarde, lo recuerdo, compré varias series mexicanas, incluso unas águilas coronadas del efímero Imperio Habsburgo mexicano. Qué quiere usted, pura "íntima tristeza reaccionaria". Salude usted a don Víctor de mi parte: no he podido terminar lo que le había prometido, pero espero pronto, aquí, en la tranquilidad del pueblo, darle fin a esa tarea. Queda de usted su amigo y servidor, Pablo.

Carta tercera

Las Islas, a 23 de abril de 1995

[...]

La montaña, escribe usted, y espero traducirlo bien, ha sido simbolizada de diversas maneras: como escalera; como poder; como iracundia; como quietud; como pilar. La cima del Olimpo, o del Sinaí, o las cumbres de Huanshan fueron, desde muy antiguo, recintos prohibidos para los hombres, puesto que allí descendían, o se hacían manifiestos, los dioses. Eran un pie de lo ultraterreno en el mundo, viendo las cosas del cielo hacia abajo; viéndolas desde la tierra, eran un puente. Un puente muchas veces infranqueable. "La montaña sagrada –donde se reúnen el cielo y la tierra– se halla en el centro del mundo", que es cita de Eliade, a quien sigue un señor llamado Bernbaum, que no sé si usted conoce. "Al ser las más altas y dramáticas evidencias del paisaje, las montañas poseen un poder extraordinario para evocar lo sagrado... En lo ancho del mundo la gente perteneciente a culturas tradicionales religiosas ha tendido a ver en las montañas símbolos de las más altas metas espirituales".

En el occidente estas cimas no fueron holladas sino por los eremitas y por los ejércitos. En oriente, profetas, santos, eremitas, poetas, vagabundos y, por fin, comunidades enteras dedicadas a la adoración y al sacrificio a lo numinoso se retiraron a las montañas. Tal vez quien ha a mi juicio expresado mejor esta diferencia entre oriente y occidente –aquí nos referiremos únicamente a la percepción del paisaje y, más que del paisaje, de la montaña–, haya sido el muy sabio Okakura Kakuzo, conocido en su país sobre todo por su *Libro del té*. Escribe Okakura que la herencia de todo asiático es "un amplio amor por lo Último y lo Universal...", amor que los distingue de los pueblos marítimos europeos, "quienes aman lo Particular, y buscan los medios, y no el fin de la vida". ¿Qué opina usted de ello? ¿Cree que es cierto? (la cita está en las primeras páginas del libro *The Ideals of the East with Special Reference to the Art of Japan*). Okakura Kakuzo escribió este libro en inglés para hacer comprender parte del destino japonés a occidente: un verdadero intelectual Taisho.

Me permitirá usted una breve acotación: al hablar de México se piensa hoy en día en esta nación como en una del extremo occidente y, sin embargo, el México anterior al siglo XVI es, en realidad, el extremo oriente. Y perdone si lo que digo de su país pudiera provocarle algún incomodo.

En otro libro de Mircea Eliade, éste aclara que "la idea de una Montaña Cósmica (Centro del Mundo) no es necesariamente de origen oriental... pero las antiguas tradiciones de los pueblos del Asia central y septentrional... fueron modificadas por la afluencia continua de las ideas religiosas orientales..." Munakata Kiyohiko escribe que "en los tiempos antiguos las montañas no eran tan sólo reverenciadas, sino que se consideraban lugares prohibidos en donde dioses y seres misteriosos tenían su lugar de residencia. Las montañas, gradualmente, se tornaron familiares y proveyeron de refugio a aquellos que buscaban la iluminación espiritual o un poder sobrehumano. La gente que practicaba el taoísmo religioso (que se desarrolló del siglo II después de Cristo a la fecha) asoció las grandes montañas con el concepto teológico de los Reinos de los Inmortales. Esta asociación se convirtió en una poderosa fuente de inspiración para los poetas y para los artistas. De una manera más secular, los eruditos confucianos vieron en las montañas el paradigma del orden en el mundo". ¿Recuerda usted nuestras conversaciones en China? Ese vínculo con lo Alto fue explorado en particular dentro de la civilización china, tanto así que "la adoración de las grandes montañas como cuerpos contenedores de un poder misterioso fue uno de los elementos de mayor peso en la religión de estado china". El culto de estas montañas es tan antiguo como la civilización china, y data, por lo menos, "del tiempo de los Yao (2357-2225 antes de Cristo) y es probablemente anterior. Ch'in Shih Huang-ti, el primer emperador, inauguró en 219 antes de Cristo la ceremonia de canonizar a las montañas sagradas al realizar la investidura de T'aishan", una de las Cinco Cimas Sagradas chinas (Wu Yo),[4] a las cuales emperadores, nobles y funcionarios y comerciantes y labriegos ofrendaban. T'aishan es la más importante de las Cinco Cimas, en parte, porque este cerro inconmensurable, hallándose al este, muy cerca del mar, es la primera cima en recibir los rayos del sol al levantarse. Los soberanos chinos sabían que "si uno sube la montaña T'ai, pudieran verse los seres inmortales. Se alimentan del más puro jade, beben de las fuentes... Uncen los dragones a sus carros, montan las nubes volantes. El tigre blanco los guía en su ascensión al cielo. Ojalá recibas felicidad sin fin, y diez mil años de vida y un buen puesto y seguridad para tus hijos y tus nietos". Los ritos que se desarrollan a partir del siglo XIII en la Ciudad Prohibida de Pekín (Beijing) se centran en los desplazamientos rituales de los emperadores a estas mismas montañas, aunque figuradas: en otras ocasiones "los Hijos del Cielo, sobre un trono que ve hacia el sur, abrevan fuerzas Yang, identificadas con la todopoderosa inmovilidad de la Osa Mayor".

Siempre recordaré esa conversación, al amparo de la cálida luz del *talisker* que tuvimos en su casa, acerca de los diversos significados de la Estrella Polar: por ello le anexo a esta carta, que va volviéndose muy larga, unas fotocopias del libro de Zelia Nutall acerca de los principios de las civilizaciones. La referencia a la svástica y a Tezcatlipoca, ya sabe usted, uno de los "demonios" que exorcizaron los padres, está ampliamente documentada.

Acerca del *Feng Shui*: está escrito que "las montañas dieron cuerpo al principio básico de la fertilidad que renueva y sustenta al mundo... las nubes y la niebla no se acercan a los picos rodeándolos, sino que, más bien, emergen de ellos como su aliento, así como los ríos de sus flancos." La lluvia es el hálito del dragón; el viento, el del tigre. Cielo y tierra producen estos alientos y fue tarea de los maestros taoístas chinos y los geománticos sistematizar la influencia enorme que las montañas tienen en la vida y en el desarrollo feliz de los pueblos. Constituyeron un método geomántico, que no es sino la aplicación de las leyes inferidas de los dictados de la naturaleza y, si se me permite la expresión, de la metanaturaleza. Esta enseñanza no era privativa de ellos, ni del *Feng Shui*, entrelazado, como todo lo existente, a los hexagramas adivinatorios del *I Ching* o "Libro de las mutaciones". No sabía yo cómo procedían. En primer lugar buscaban las cualidades femeninas o masculinas de las montañas cercanas, buscando la mejor ubicación, entre aquellas "elevaciones del terreno que indican la presencia del aliento de la naturaleza, con sus dos corrientes de energía masculina y femenina, positiva y negativa, llamadas, simbólicamente, el Dragón y el Tigre. Las posiciones relativas y la configuración de ambas, indicadas mediante colinas o montañas" mostrarían el punto más importante, objeto de cálculos y de afanes. La mejor conjunción de ambos principios, la conjunción feliz, ocurre cuando las montañas "adoptan la forma de la herradura de un caballo, esto es, cuando dos líneas de colinas se extienden a derecha e izquierda naciendo de un mismo punto en una graciosa curva, y marchan paralelas. Semejante formación es indicio seguro de la presencia del auténtico Dragón y –siempre que otras conjunciones no actúen en contra– la influencia de una localidad, elegida en el punto en donde Dragón y Tigre se abren a derecha e izquierda, siempre será beneficiosa".

Acerca de las cumbres propiamente dichas: "un tercer

elemento que llama la atención es la forma y configuración de las colinas, especialmente de su cumbre. Las cumbres de las colinas y de las montañas son la encarnación de ciertos cuerpos celestes".

Así, hay que distinguir entre las montañas que terminan en forma de pico, las cumbres redondeadas, las cumbres planas que llamamos "mesas", las montañas almenadas y las montañas largas y terminadas abruptamente. "Si una cumbre se levanta fuerte y tiesa, hasta terminar en un punto aguzado, entonces es que está relacionada con Marte y representa al elemento fuego. Si el extremo de una montaña de forma parecida aparece romo y plano, pero comparativamente estrecho, se dice que encarna a Júpiter y que representa al elemento madera. Si la cumbre de una montaña forma una extensa meseta, entonces representa a Saturno, y se halla ocupada por el elemento tierra. Si una montaña llega muy arriba, pero su cumbre se halla suavemente redondeada, se la llama Venus y representa al metal. Una montaña cuya cumbre adopte una forma almenada representa, se dice, a Mercurio, y se halla gobernada por el elemento agua."

Cada una de las eminencias que rodean Tepoztlán, el Chalchitépetl, el Cematzin, la Casa del Tepozteco, el Ocelotépetl, el Tlahuiltépetl, representaría, según la tradición geomántica china, un elemento distinto relacionado de cierta manera con las demás fuerzas y elementos; y esto es de particular importancia, "pues la fortuna de un lugar depende en gran medida de que los planetas y elementos que influyen en él estén amistosamente ligados, que se generen entre sí, o que sean indiferentes unos de otros". En lugares sin montaña, como, por ejemplo, la extensa Ciudad Prohibida, las representaciones del "eje del mundo son muy numerosas... Se quiso situar este eje del mundo identificándolo con los montes Kunlun (en la proximidad del Tíbet) apoyándose en los textos védicos que hablan del mítico monte Meru, la montaña polar invisible alrededor de la cual se desenvuelven los orbes celestes" y se le representó en múltiples lugares y prueba de ello son las grandes colecciones de piedras de los letrados y poderdantes chinos, coreanos y japoneses. Tiene usted razón: el ejemplo perfecto son los jardines de piedra. El jardín del Gingaku-ji, o Pabellón de Plata, del periodo Muromachi, con su réplica del monte Fuji, que una vez visitamos, me parece a mí el más acabado.

Bien, amigo mío, esta carta ya parece un texto didáctico de mediana extensión y pobre inteligencia; recuerdo el símbolo: el monte Fuji, por su majestuoso estilo, a años luz de mis reflexiones que corren el riesgo de encallar, si no supiera que su fraterna amistad es capaz de perdonar esto y más. Anímese a su libro. Reciba usted felicidad sin fin y se multipliquen sus riquezas como polvo de las estrellas... Su amigo que lo extraña desde las Islas.

Carta cuarta

Tepoztlán, a 10 de junio de l995

Querido amigo:

Debe usted en verdad disculpar el hecho de que en la pasada carta le haya yo escrito puras cosas de las que está usted, sin duda, mejor enterado que yo. Pero, fíjese, las cartas que le escribo me ayudan aquí, en el beatífico silencio sólo roto por las campanadas, el coche ocasional, los ladridos de los perros, a ir afinando alguna idea que no puedo dejar de rumiar. Me dio mucho gusto saber de su victoria en las regatas de la isla. ¿Sabe?, le admiro mayormente, y me congratulo de su triunfo, que pone su nombre y el de su familia tan en alto. Quiero asimismo agradecerle el disco del rito. Le agradezco también el libro de Munakata Kiyohiko. Lo había yo visto una vez en Nueva York, en la librería del Metropolitan, y al final no me lo compré. Pero en verdad lo que más le agradezco son sus justos conceptos sobre la montaña que vierte usted generosamente en su carta: tiene usted toda la razón del mundo al considerar que esa intuición que desde siempre el hombre ha sentido respecto a la montaña posee una correspondencia directa con ese alto algo; el gran "Algo" hace sagrados recintos espirituales al Bernalejo (San Luis Potosí) o a la Ayers Rock australiana. Y ese "algo", que usted nota, y que tan de oriental hay en México. Usted sabe que muchos intelectuales de los primeros años de la era Showa se preguntaron si acaso los mexicanos no seríamos de allá.

Aquí ya estamos en plena temporada de lluvias: ayer cayó una tormenta de aguaviento tan fuerte que ni mi amigo A* ni yo, que íbamos al dominó de los viernes, pudimos salir del coche: y allí nos estuvimos encerrados como tres horas, platicando, y viendo los grandes ríos de agua.

Dice un proverbio mexicano: "Viejos los cerros, y reverdecen". Debía usted ver los incontables matices de verde que engalanan las montañas. Parecen Machu-Picchu, como me dijo el otro día su buen amigo R*, compañero de excursiones. He estado investigando un poco acerca de lo que usted me pregunta, respecto a occidente y la idea de la montaña; y le envío las notas siguientes, que espero le sean de utilidad y de provecho, aunque debo decirle, sin que, espero, se ofenda usted, lo que Virgilio a un ánima del Purgatorio:

> Voi credete
> forse che siamo esperti d'esto loco;
> ma noi siam peregrin, com voi siete.

(Quizá creéis vosotros que nosotros somos expertos en este lugar, cuando no somos sino peregrinos, como lo sois vosotros. Traducción de don Antonio Gómez Robledo). Y usted me ha enseñado más que nadie, reverenciado sempai.

Se creería que en occidente, mientras duró el ideal griego y la romana realidad, nadie se atrevió a escalar el Olimpo, sino Heracles, pero él provenía de origen divino, de modo que su audacia no podría ser juzgada en los temibles términos con los que hubiese sido juzgada tal acción si se hubiese tratado de un simple mortal. Heracles es también quien, con la venia de su padre, Zeus, libera a Prometeo de la cruel cadena y abate al buitre que lo lacera en una cumbre del Cáucaso. Luego, en tiempos de la fulguración de Alejandro el Grande, ya "los sofistas... habían enseñado... que... podía darse el caso de que un hombre escalase las cumbres del Olimpo, como en otro tiempo Heracles".[5] Y en verdad las falanges de Alejandro treparon cantidad de montañas, y, entre ellas, algunas de las más altas de la tierra conocida. Hay otra historia que relaciona a Alejandro con una montaña particular, esta vez el monte Athos. Está en la introducción al libro segundo de la *Arquitectura* de Marco Lucio Vitruvio. Copio para usted el párrafo siguiente: "El arquitecto Dinócrates, confiado en sus estudios y en su talento... y [en] su buena presencia y gran prestancia física... [y extrañamente vestido con] una corona de hojas de álamo negro, una piel de león en el hombro izquierdo y llevando una clava en la mano derecha, se presentó ante el tribunal en el que el rey, a la sazón, se hallaba administrando justicia... Alejandro, admirado, ordenó que se le abriese paso para que se acercase y preguntó quién era. Soy, dijo Dinócrates, arquitecto de Macedonia, que te traigo ideas y proyectos dignos de tu gloria. He modelado el monte Athos en forma de una estatua viril, en cuya mano izquierda he diseñado una gran ciudad y en la derecha una gran taza en la que recibirá las aguas de todos los ríos que descienden de aquel monte y desde allí van a parar al mar. Agradó la idea a Alejandro y al punto preguntó si en torno de la ciudad había campos para poder proveerla de víveres. Y al oír que sólo podría sustentarse con suministros traídos por vía marítima dijo: "Veo, Dinócrates, lo hermoso de tu idea y me place en extremo, pero pienso que si alguno estableciera una colonia en un lugar así merecería ser censurado; pues así como un niño no puede sustentarse sino con la leche de su nodriza ni ir gradualmente creciendo, tampoco una ciudad, sin campos y sin que a ella afluyan frutos, puede crecer ni ser populosa... por tanto, así como estimo buena tu idea, no encuentro aceptable el lugar; quiero, sin embargo, que te quedes conmigo, para utilizar tus servicios en otra ocasión". Aunque impresionado, Alejandro era demasiado grande para no advertir al punto lo imposible del proyecto.

Tras él, y como ha acontecido con seguridad en el oriente, múltiples ejércitos cruzaron las montañas desde ese entonces: tal vez la más fastuosa prueba sea el paso de Aníbal, con sus elefantes y su ejército y su tren todo de guerra, por los Alpes, barrera que Roma pensó infranqueable.

El gran miedo, el pavor que producían las cumbres, sobrevivía. Incluso hoy, en Gales, "hay un asiento de piedra en la cima del Caer Idris ('la Silla de Idris'), donde, según la leyenda local, el que pasa en ella la noche se le encuentra a la mañana siguiente muerto, loco o convertido en poeta", a decir de Robert Graves. El gran miedo y el gran temblor son también evidentes en la larga lucha entre Jehováh y sus profetas en contra de malos reyes de su pueblo elegido, para desterrar el culto a las *asserás* en las cumbres de las montañas.

Tres montañas se yerguen en el fundamento de la tradición judeocristiana, me dice usted, y, consultando con un viejo prior agustino, quedamos en que serían, así me lo indicó: el Ararat, donde es fama que reposó el Arca de Noé al bajar las aguas del Diluvio universal; el Sinaí, en donde Él se le reveló a Moisés, y el Gólgota, "El Lugar del Cráneo", temible monte en donde Él fue sacrificado para expiar los pecados del mundo, renovar la alianza y, con Su sacrificio, terminar con la sangre derramada en los altares paganos (e indígenas). "Según los cristianos, el Gólgota se halla en el centro del mundo, porque era la cima de la Montaña Cósmica y a la vez el lugar en que Adán fue creado y enterrado. Así, la sangre del Salvador cae sobre el cráneo de Adán inhumado al pie mismo de la Cruz y lo redime" (Eliade). Y de hecho, el Paraíso mismo estaba en una montaña según la imaginería popular europea, a la cual se llega santificándose en los siete escalones mediante la práctica continua de las siete obras de misericordia. "Según san Efrén... el Paraíso se hallaba colocado en un lugar muy elevado que sobrepasa las montañas más altas. Él mismo lo ha visto con el 'ojo del espíritu'. A causa de su eminencia, no sufrió daño alguno con el diluvio, pero, con ser tan alto, los justos pueden escalarlo sin dificultad": el *monte sancto Dei* es una idea que tuvo también su arraigo por estas partes (esto está en un libro llamado *El otro mundo en la literatura medieval*).

El cristianismo y sus múltiples herejías y las diversas gnosis y religiones maniqueas hallaron pronto refugio de sus encarnizadas persecuciones en las montañas: "Vida ermitaña era... estar solo en los montes", escribió Raimundo Lulio, el gran políglota mallorquino. Aunque haya sido la caverna, las catacumbas, su primer resguardo.

Y, con gran retraso respecto a oriente, algunos centros monásticos se refugiaron de las tribulaciones del mundo en las montañas; el monasterio de Santa Catarina en el monte Sinaí o el monasterio del monte Athos son prueba de que, en siglos de gran intolerancia, la montaña podía ofrecer la soledad como defensa, en ese "desierto" que figuraban las gradas del monte Carmelo.

La historia del monte Athos es significativa: el que fue el asiento de los dioses antes del Olimpo, entonces desierto, y luego sitio propuesto para la ciudad-estatua de Alejandría se convierte en el siglo IX en lugar de ermitaños; luego lo será de monjes: los primeros ermitaños fueron Pedro *el Athonita* y Eutemio de Salónica. Era la época de la iconoclastia, furor que bien pronto menguaría. En 963, san Atanasio, confesor del basileo Nicéforo II Focas (912-989) funda un monasterio, el Gran Lavra; y poco a poco las ermitas fueron quedando bajo la égida de los estatutos monásticos. En 1094 Alexis I Comneno declara a la Montaña Santa independiente de los obispos de Ierisos y de Salónica; y hoy en día la montaña, consagrada a la Virgen María, posee aún un estatuto de autonomía bastante amplio. Y sigue siendo lugar de rezo y responso.

Montségur, la última ciudadela cátara, corrió triste suerte a pesar de su escarpado sitial, pero es fama que muchos salieron de esa montaña que figuraban ya celestial. Alrededor de esa montaña, por medio de alegorías y de *lieder*, se entretejieron también incontables leyendas.

Hubieron de pasar muchos siglos para que un hombre

escalase, sin ningún fin "práctico", una montaña en occidente. Este honor le corresponde a un rey y a un poeta. Pedro el Grande, III de ese nombre en Cataluña, II de Valencia y IV de Aragón en 1285 fue el rey; el poeta es Petrarca, en 1336.

1285 era una época peligrosa en los caminos de occidente; y, en particular en Provenza y en Cataluña, el Papado y el reino de Francia se dedican a guerrear contra los catalanes, prosiguiendo la extirpación de la herejía albigense, confundida con la nacionalidad occitana, parte de la heredad del rey Pedro. En 1285 tres cosas suceden extraordinarias en su vida: su almirante, Roger de Lauria y los almogávares vencen a la flota francesa frente a las islas Formigueres; el rey Pedro vence a su enemigo, Felipe; y uno y otro mueren a consecuencia no de las heridas, sino de la peste; de "crepacuore", como escribe Dante. Y ese año, también, el rey Pedro, luego de vencer a los franceses, tuvo la ocurrencia, para distraer sus ocios, de subir al Canigó, una hermosa cumbre del Pirineo oriental, famosa por los versos que mossén Jacinto Verdaguer le dedicara mediando el pasado siglo. El propósito del rey era saber qué había allá arriba; y aunque emprende la ascensión junto con dos hombres de su séquito, tan sólo él alcanza la cima. Pedro, dicho "Punyalet", era un hombre corpulento, animoso, buen trovador: Dante lo retrata en el Purgatorio (VII, 112):

Quel che par sì membruto e che s'accorda,
cantando, con colui dal maschio naso,
d'ogni valor portò cinta la corda...

haciéndose eco de la frase bíblica: lleva ceñida la cuerda de toda virtud. Pero, ay, este primer rey escalador muere en la noche del 10 al 11 de noviembre del mismo año: su reino será repartido como si se descuartizara una res.

Karl Vossler reseña la ascensión de Petrarca, cien y unos años después, y la liga a que fue en Italia "donde el individuo adquirió conciencia del valor de su personalidad... Hasta en el ocio y en el retiro mismo pretende mantenerse activo el hombre del renacimiento [para] enriquecer su yo... Gradualmente va transformándose la ermita de lugar sombrío y con horror al mundo en alta atalaya, desde la cual, si no se domina el mundo, no se le niega ya. El solitario educado humanísticamente contempla el mundo"; y así narra Jacob Burckhardt el vago deseo de Petrarca de una gran visión panorámica, al agudizarse con "la lectura casual de un pasaje de Livio sobre la ascensión al Haemus del rey Filipo, el enemigo de los romanos, lectura que le decide al fin. Piensa que lo que no ha sido deshonra para un rey venerable puede *disculparse* en un joven cómo él. Escalar un monte, sin ningún designio práctico determinado, era algo inaudito para las gentes que lo rodeaban: no podía, pues, esperar que lo acompañasen amigos o conocidos. Petrarca llevó consigo a su hermano más joven y, desde el último descanso, se hizo acompañar además por dos campesinos. Ya en pleno monte, un pastor les aconsejó que se volviesen; hacía cincuenta años –decía- - que él había intentado lo mismo y tuvo que arrepentirse de ello, pues sólo consiguió volver a su casa con el cuerpo molido y la ropa desgarrada. No obstante, ellos continuaron su ascensión con indecibles fatigas, hasta que vieron flotar las nubes a sus pies, hasta alcanzar la cumbre. Inútil sería aguardar una descripción del panorama que desde allí contemplan y no porque el poeta sea insensible, sino justamente por todo lo contrario: porque queda anonadado ante lo grandioso de aquella visión... y vuelve la mirada, nostálgica, en dirección de Italia; abre un librito que entonces llevaba siempre consigo: las *Confesiones* de san Agustín. Y sus ojos tropiezan con el siguiente pasaje de la parte décima: "Y van allá los hombres y admiran las altas montañas y las vastas ondas marinas y el curso rugiente de los ríos y el océano y el camino de los astros y en esta contemplación se olvidan de sí mismos". Su hermano, a quien lee en voz alta estas palabras, no puede comprender por qué, después de leerlas, cierra el libro y permanece en silencio".

Este sentido estético de la naturaleza es algo moderno en occidente. Marco Polo, en el siglo XIII apenas si menciona las "escarpadas montañas del Tíbet": cinco siglos después un filósofo, y no un viajero, Johann Gottfried Herder, podía dedicar un capítulo al imperio espiritual "establecido entre las altas montañas de Asia y los infinitos desiertos, único en el mundo: es la gran soberanía de los lamas".

Azorín en su libro *El paisaje de España visto por los españoles* (1923) escribe que el sentido estético de la naturaleza en occidente es algo completamente moderno. "Hace dos, tres siglos, había parajes en las campiñas, o en las montañas, que inspiraban sensaciones de horror, el hombre sentía miedo, o disgusto, o repugnancia, por ejemplo, hacia ciertas abruptas montañas... Uno de los libros de Mariana, verbigracia, fue escrito, según nos dice el autor, en las montañas de Ávila, *una de cuyas cumbres presentaba un aspecto horrible por las rocas que la coronaban (rupibus horridum)*."[6] Así escribe Íñigo López de Mendoza, marqués de Santillana, en su "Defunnsión de don Enrique de Villena", siguiendo a Dante:

> Me vi todo solo al pie de un collado
> selvático, espesso, lexano a poblado,
> agreste, desierto, e tan espantable.

Esto es todavía el siglo XV; para el XVI esta perspectiva cambia: la emoción fáustica, el "alma fáustica" spengleriana, había ya nacido y se desarrollaba célere.

La expedición de Cortés es viva prueba de ello: entre todos los sucesos portentosos de esos tiempos quisiera copiar para usted la narración del ascenso al Popocatépetl, gloria ígnea y nevada de México. Es Bernal Díaz del Castillo quien da cuenta de ella: "y un capitán de los nuestros que se decía Diego de Ordaz tomóle codicia de ir a ver qué cosa era y demandó licencia a nuestro general para subir en él, la cual licencia le dio y aun de hecho le mandó. Y llevó consigo dos de nuestros soldados y ciertos indios principales de Guaxocingo; y los principales que consigo llevaba poníanle temor con decirle que luego que estuviese a medio camino del Popocatepeque, que así llamaban a aquel volcán, no podría sufrir el temblor de tierra y llamas y piedras y cenizas que de él sale y que ellos no se atreverían a subir más allá de donde tienen sus *cúes* de ídolos que llaman los *teules* del Popocatepeque.

"Y todavía Diego de Ordaz con sus dos compañeros fue en camino hasta llegar arriba y los indios que iban en su compañía se le quedaron en lo bajo... y parece ser, según dijo después Ordaz y los dos soldados, que al subir comenzó el volcán a echar grandes llamaradas de fuego y piedras medio quemadas y livianas, y mucha ceniza, y que temblaba toda aquella sierra y montaña adonde está el volcán... y que subieron hasta la boca, que era muy redonda y ancha... y que desde allí se parecía la gran ciudad de México y toda la laguna y todos los pueblos que están en ella poblados. Y está este volcán de México obra de doce o trece leguas. Y después de bien visto, muy gozoso Ordaz y admirado de haber visto a México y sus ciudades, volvió a Tlaxcala con sus compañeros."

Luego, en 1520 y en 1522 los soldados de Cortés hicieron nuevas ascensiones con objeto de recolectar azufre para fabricar pólvora. Y no lo va usted a creer, pero le juro que no es invento mío: el azufre del volcán era objeto de publicidad en 1917, cuando el volcán era propiedad de un general Sánchez Ochoa (había muchísimos generales en 1917, como usted bien sabe: tocaban como a tres por "juan"). Se decía que este azufre no contenía ni fierro ni arsénico, "por lo que es siempre el preferido".

Para los hombres de Cortés, en la montaña ya no hay ese "algo" que aún espantaba a los tlaxcaltecas, para quienes las cimas seguían conservando su carácter numinoso. Ordaz, es verdad, "codicia" subir, pero es Cortés quien se

39

lo ordena; Cortés, propagandista nato, que seguro estimó el alcance de la proeza de su capitán en el ánimo de sus nuevos aliados del Senado de Tlaxcala. En 1524, "fue el turno de Montana y de Meza de realizar a su vez la subida del coloso, pero no ocurrió sino hasta 1803 que el barón de Humboldt... desde el rancho de Tlamacas, hizo por primera vez el cálculo de la altitud del pico, que evaluó en 5 400 metros" según un alpinista francés en México. Mayer, quien mucho escribió sobre mi país, calculó su altitud en 17 930 pies sobre el nivel del mar en Veracruz.

En los países de habla alemana y de habla inglesa se inicia otro fenómeno. En los primeros fue el médico y poeta Albrecht von Haller, a quien usted me recomendó, quien en *Los Alpes. Poema didáctico* creó el sentimiento de exaltación frente a la montaña; numinosa, pero aprehensible; una cosa pero también la otra. Es tal vez una expresión de la seguridad de los caminos. Las montañas, durante los claroscuros iluministas, fueron convirtiéndose poco a poco en un tópico romántico: a partir de Chateaubriand, la "huida" a la naturaleza se vuelve común. Los versos de Hölderlin:

Wie vor Alters, seine Sprüche zu dir, es Lehren die Berge
Heilge Gesetze dich...

("Unter den Alpen gesungen": "Como de tiempo, te enseñan las montañas, en su decir, principios sagrados..."), dan una idea de un sentimiento anterior todavía al gran miedo; uno de profunda reverencia. La "claustrofobia" o ese vago sentimiento de horror que sentían los extraños en los valles de Suiza o en los Cárpatos, se transforma merced a los poetas. Es el inicio de la fascinación: sean los Alpes o el Tíbet o las cumbres de Maltrata.

Usted que ha recorrido esos parajes con tanto detenimiento ha de haber adivinado y formulado todos estos sentimientos: son como un recuento de la evolución intuicional de occidente, si es que tal existe.

Aun así, leyendo a Ramuz (1878-1947) se comprende que "Naturaleza... en su sentido exacto es una concepción más rara de la realidad, es la manera madura y aun quizá senil, de poseer la realidad, que se presenta a las inteligencias de las grandes urbes en las postrimerías de una cultura", como escribió Spengler.[7] Es Max Frisch (1911) quien dice que este sentimiento goethiano hacia la naturaleza desemboca "en el alpinismo, especialmente a través de los ingleses (E. Whymper realiza la primera ascensión al Matterhorn en 1865) y con la masa turística del siglo XX el gozo de la montaña se vuelve totalmente popular, no en último término por los funiculares, teleféricos, etcétera". Pero recuerdo aquel poema de Shelley, "Mont Blanc" (1816):

Mont Blanc yet gleams on high: –the power is there,
the still and solemn power of many sights,
and many sounds, and much of life and death.

Todavía la ascensión del francés Chabrand al Popocatépetl en 1883 se consideró "temeraria", hazaña de la cual deviene "un timbre de orgullo"; publica su aventura en el *Bulletin du Club Alpin Français* en 1884.

Su amigo, Pablo

Posdata. Tepoztlán, 12 de junio de 1995

Querido amigo:
Una cosa más acerca del "gran miedo en la montaña", condensado en esa gran novela de Ramuz que lleva el mismo nombre. El miedo medieval se trasluce como sudor en las carnes de estos campesinos suizos. La pesadez con la que avanza el relato parece deberse a esa falta de aire propia de las cumbres, ese "mal de montaña" que

propicia alucinaciones y temblores. Este mal recorre estas páginas encerradas y abruptas.

Ramuz logra darle expresión al *Toggel,* cuya historia es temible. Es un pequeño ser al que unos pastores encuentran en un peñasco. Les da lástima ese ser y se lo llevan con ellos: lo alimentan, lo visten, le enseñan. De pronto ese ser deviene en un monstruo, que asesina y devora víctimas humanas. El miedo al Metzgerberg ("Cerro del Carnicero"), la aversión por ciertos pasos, ciertas cañadas, cimas. El gran miedo en la montaña: uno se va enterando, por medio de rumores, de la presencia de "otro" en la montaña. Se sospecha; allí está su presencia.

Pablo

Carta quinta

Tepoztlán, a 30 de junio de 1995

Querido amigo:

Hoy salí muy temprano para ver si llegaba, por el antiguo camino real, a San Juan Tlacotenco, que como sabe está en el lomo de la montaña. Llené mi anforita de mezcal, y en el camino, en La Dalia, que así se llama una tienda, me compré un Carlos V; es decir, un chocolate mexicano, una barrita maciza que lleva el nombre del gran emperador; y la fábrica que produce este chocolate, en cuya envoltura se ve un bonachón personaje de armiño y gorra sentado en un trono y a dos suizos de salud superrebosante, se llama, si no me equivoco La Azteca: el chocolate es bueno para el camino. Subí por el camino a la pirámide y luego por el sendero que lleva más arriba. Llegué hasta donde comienzan los tecorrales muy bien: pero en eso, comenzó a caer una lluvia tan apretada que no podía yo ni ver: tanto así, que perdí el camino, y ya no sabía si el tecorral que yo iba lindando me indicaba que estaba yo afuera o adentro de un terreno comunal.

Hubo un momento en que creí enloquecer: la cortina de agua me impedía ver nada, y me iba yo tropezando, tratando de orientarme enmedio del silencio del agua y su ruido en la montaña. Gracias a Dios encontré de nuevo el camino; y me fui bajando a Tepoztlán sin haber logrado mi objetivo, mientras iba amainando.

Muchas montañas han encarnado su poderío numinoso en un dios particular. Ésta es una elaboración devocional de la seguridad con que la intuición hace de la montaña polo y centro del mundo o de una nación, como ocurre en su país, el país de estilo Fujisama. Dios tiene también, como usted dice (aquí copio parte de su carta, de modo que pueda elaborar mi argumento), "el monte Nantai, en el Japón central, de quien se cuenta una temible derrota a manos de los escorpiones del dios del monte Akagi, hasta que, con ayuda de un Arquero Dorado, de fama mítica, logra una gran victoria en contra de las alimañas y del dios del monte Akagi. Esto fue en la planicie de Senjoogahara. Está cerca de Nikko".

Caso muy particular es el del dios de T'aishan. Se convirtió en uno de los principales dioses chinos; a él se apeló en todo tiempo de desastre; al romperse las fronteras habituales entre la vida y la muerte, surgió como árbitro de los destinos, "la montaña sagrada más íntimamente ligada a los miedos y esperanzas del pueblo chino". Funge como el representante terrestre del Emperador del Cielo: "Dios consuma en el signo del Aquietamiento". T'aishan se convirtió en el más grande de los dioses terrestres, a los cuales rige auxiliado por una poderosa burocracia. El pueblo chino creía que al morir, sus almas irían a una colina al pie de la cima. Allí T'aishan juzgaría lo bueno y lo malo que hubiesen hecho en su vida. De hecho, la expresión "ir a T'aishan" se convirtió en un eufemismo para la muerte... Hasta el triunfo de la revolución comunista, cada aldea tenía un templo dedicado a este dios de la montaña; y en la cima azul, blanca y gris estaban los templos laoístas dedicados al Emperador de Jade y a los Inmortales. Muchas de las grandes rocas de la montaña están grabadas con poemas y máximas, como usted bien sabe, pero, cerca de la cumbre, hay una hermosa estela pulida en la que nada está escrito... "T'aishan representa la montaña eje del mundo."

En México tanto el Tláloc como el Tepozteco son moradas de un dios de las montañas que no ha sido sustituido por un santo cristiano, sino que conserva su nombre e identidad prehispánicas. Por el contrario, "la historia ha registrado muchos casos de metamorfosis de dioses prehispánicos. Cerca de Tlaxcala, en las faldas de la montaña Matlalcueye, en el lugar llamado Chiauhtempan se elevaba un templo consagrado a la diosa Toci, madre de los dioses, protectora de la gestación y del parto. Cuando los franciscanos fundaron en ese lugar un monasterio, tuvieron cuidado de consagrar la iglesia a santa Ana; pues Toci significa 'nuestra abuela'; santa Ana, madre de la Virgen María, era la abuela de Jesucristo, por lo tanto de todos los cristianos, que son hijos de Dios. Los frailes no tuvieron ningún inconveniente en bautizarla Santa Ana Toci, aprovechando el equívoco para canalizar hacia la iglesia recién construida a los antiguos peregrinos del santuario nahua", como escribe, con gran tino, el mexicanista Christian Duverger, quien añade que el ejemplo más conocido de estas transustanciaciones en este *juego de similaridades estructurales* en el cual sobresalieron los franciscanos es el de Chalma, "célebre santuario precolombino en donde los agustinos remplazaron desde 1533 la estatua de un dios de las cavernas, Oztotéotl, por un crucifijo milagroso que todavía hoy es objeto de una intensa devoción por parte de los mexicanos. De esa manera habría que hacer todo un estudio de la toponimia indígena cristianizada en el siglo XVI". El Iztaccíhuatl, por ejemplo, es festejado el día de santa Rosa y su guardián, el Popocatépetl, el día de san Gregorio. Sus primitivas identidades han sido trasvasadas: y hoy, luego de varias fumarolas, es merced de los pueblos de las faldas de los volcanes, el "contentarlos" llevando ofrenda: un sombrero norteño, cobijas, tortitas de maíz, un "fuerte". Máxime ahora que arroja humo y piedras.

En este sentido, aun la Sierra de Tepoztlán es, ante todo, el Tepoztecalli, la Casa del Tepozteco. Él sigue aquí, guardando sus barrancas y sus riscos, su pueblo y sus ruinas "en cuyos ignorados hipogeos ha encontrado [don B. de Jesús Quiroz] piedras epigráficas que bien merecen la atención", como escribió a finales del siglo pasado don Cecilio A. Robelo, uno de los primeros en interesarse por las antigüedades de Morelos, aunque el honor de haber descrito por primera vez el teocalli corresponde a Francisco M. Rodríguez, nativo de Tepoztlán, hacia 1895. Cito un fragmento entusiasta de su descripción: "Es en verdad grandioso el efecto arquitectónico de la pirámide por cualquier punto que se la contemple. El aislamiento de su masa, su solidez, estabilidad, la simétrica armonía de sus líneas, su perfecta sencillez y falta de ornato exterior, despiertan en quien la contempla una idea de grandeza y majestad, un sentimiento de respeto que difícilmente produciría ninguna de nuestras actuales construcciones".

Y en este recinto sagrado fue venerado el inventor del pulque, el "dios del templo en su manifestación de patrono de Tepoztlán, o tal vez otro cercanamente asociado a Ome Tochtli, [que] se conoció como Tepoztécatl (nota de Robert Redfield, 1930: Su figura aparece en la página 23 del manuscrito de la Biblioteca Nacional de Florencia. La cara, bicolor, porta un ornamento nasal semilunar, *yacameztli*; la representación lleva un escudo y un hacha ligera. Referencias tempranas al Tepoztécatl están recogidas por González Casanova, en el artículo 'El ciclo legendario del Tepoztécatl', pp. 18-25). Este nombre sobrevive hasta el día de hoy en Tepoztlán como el de un legendario jefe del antiguo *pueblo*. El arruinado *teocalli* sobre el desfiladero arriba del pueblo es conocido como 'la Casa del Tepozteco'. Un cierto número de relatos, algunos de los cuales son contados en otros pueblos del México central y del sur, tratan del nacimiento milagroso y de las aventuras heroicas del Tepoztécatl... Los relatos y el ritual no son sino tenues ecos de viejas memorias, aunque constituyen una parte importante de la tradición más antigua". Esta cita del devoto libro de Redfield pienso me serviría para establecer con claridad la existencia de dos Tepoztécatl: uno y otro, es decir, el dios y el héroe, poseen atributos comunes que llevaron a la identificación ritual de cada rey tepozteco con el dios tutelar del pueblo. En una *fiesta*, el Altepeilhuitl, o fiesta del pueblo, que se celebra el día 8 de septiembre, la identificación entre Cihtli, que fue el rey histórico bautizado, con el héroe Tepoztécatl es muy clara.

El rey tepozteco y su historia poseen características similares a otras historias de héroes culturales: como escribe Alfredo López Austin, "los originadores de pueblos tienen por padre al cielo y por madre a la tierra. La concepción frecuentemente es sin contacto directo. Huitzilopochtli nació sólo de madre, que se preñó al echarse al seno un plumón blanco caído del cielo. Chimalma, barriendo como Coatlicue, se puso en el seno un *chalchihuite* [jade], y con él se embarazó, o recibió el aliento celeste de Citlalatonac. El Tepozteco nació cuando su madre se puso en el seno un pajarillo, que desapareció, o una pequeña imagen de piedra verde que igualmente desapareció y dio origen al héroe", engendrado tal vez por Ehécatl mismo.

Ésta es la historia del Tepozteco tal y como la narra don Urbano Bello, un hombre noble, y garante de la tradición, en el barrio de San José:

LA HISTORIA DEL REY TEPOZTECO

"En aquel tiempo, hace cuatro, cinco siglos, había reyes. Eran reyes muy poderosos, como hoy decir un presidente. Y había un rey en Cuernavaca, y un rey en Tlayacapan, y un rey en Cuautla. No había enfermedades en ese tiempo, entonces. La gente duraba trescientos años, quinientos años. Y como no había enfermedad, la gente, para morirse, se la llevaban a Xochicalco, a dársela de comer al *xochicálcatl*, y la fiera se los devoraba. Y diremos que había un rey, que tenía por hija a una princesa: esa princesa estaba bonita, estaba simpática. Por esa razón la seguían príncipes de esos reinos y de fuera. No quería casarse: pero el aire la embarazó cuando se bañaba. No la embarazó hombre: la embarazó el aire. Y estaba preocupada

47

pensando: ¿qué cosa dirán mis príncipes de mí? ¿Qué cosa pensarán mis padres?

"Nació el niño; y agarró al niño y lo fue a tirar a un hormiguero para que se lo comieran las hormigas. Pero cuando fue a ver, vio que las hormigas le daban de comer y estaba el niño jugando y pataleando. Entonces dijo: 'Lo voy a tirar al magueyal', para que se ensartara; pero, cuando fue a ver, el niño no estaba ensartado sino que antes bien peló los magueyes.

"Había entonces dos viejitos, que eran marido y mujer, y el viejito que era pescador. Dijo la princesa: 'Voy a tirar al niño al río'. Y lo metió en un baulito y lo echó al río. Y el viejito estaba pescando y luego tiraba la atarraya... pescando, pescando; no pescaba nada. Y la tiró por última vez y pescó la cajita: la abre y vio que era un niño, que estaba riendo. Entonces fue para su casa.

"–Ay, vieja, mira, ni sabes lo que traje. Mira, traigo un niño... acurrúcalo.

"Y así hizo. Decidieron quedarse con el niño. Tenían harto gusto. Harto gusto tenían con el niño. Fue creciendo. Lo mantenían. Y ya luego el abuelito lo llevaba al monte y el niño le decía: 'hazme mi flecha', y así hizo el viejecito. Y ya luego pajarito que veía, caía. Llenaba el morralito y ya se iban. 'Abuelito, llévame al campo, hazme una flecha más grande', le decía. Llegando al campo, al monte, veía un venado, y era seguro [que lo cobraba]. Los mantenía a los dos viejitos.

"En ese entonces una persona duraba cuatrocientos, quinientos años: no había enfermedad. El modo de morir era que si uno estaba viejito, lo iban a llevar a la Serpiente de Xochicalco. Y así le dijo el abuelito al niño un día:

"–Mijito, llego a mi término. Aquí a los viejitos se los come la Serpiente de Siete Cabezas.

"Al día siguiente llegó la guardia por los dos viejitos.

"–A mí que me lleven...

"–No, abuelito, tú te quedas, a mí que me lleven... [y les

dice, aparte] Si me comió el animal, verás neblina negra; si estoy de vida, neblina blanca.
"Y protestaron los viejitos, pero el niño así se fue.
"En el camino iba juntando vidrios largos, como sierras. Llegando allá, por Xochicalco, tenía el morral lleno. El animal ya estaba bramando de hambre. Los guardias lo empujaron y la Serpiente se lo tragó de un solo bocado; y le supo a poco. Los viejitos esperaban la neblina negra, pero vieron la blanca. El niño, ya adentro de la panza del animal, con sus vidrios, le trozó las tripas. Grande fue su dolor y expiró. El animal se murió y el niño se salvó. Se vino para Tepoztlán: hizo su casa en el Tepozteco. Se imagina el poder que tenía para subir esas piedras él solo. Y cuando sus abuelos se murieron, se fue al cerro.

"En Cuernavaca había un fandango. El Tepozteco se fue a presentar, pero los soldados lo sacaron [pues venía de sembrar].

"–Aquí apestas. Sácate.

"Entonces se regresó [a Tepoztlán], se puso de 'fifí', si sabe lo que eso significa, muy compuesto, muy limpio, y se volvió para allá. Fue como príncipe. Cuando llegó le dijeron: 'Pásele'; y lo fueron a sentar a una mesa grande. Entonces se embarró toda la comida; se echó el chile en la ropa, todas las mangas se manchó de mole. Y los reyes y los convidados le preguntaron que por qué hacía eso.

"Dijo:

"–Ya antes vine: ustedes me empujaron. Ahora que vengo bien vestido, le doy de comer a mi ropa, que a ella la invitaron. Y se extrañaron. Estaba sonando el *teponaxtle*, que tiene sus dos sonidos, uno alto y uno bajo. Le gustó el teponaxtle. Empezó a hacerse airecito, hasta que se soltó un aire tan fuerte que nadie podía ver. Entonces el Tepozteco se lo pasó a robar y se fue con el teponaxtle.

"Ya luego, lo perseguía la tropa. En Amanalco orinó el Tepozteco y con esa agua, de sus orines, se hizo la barranca de Amanalco. Luego en Calamatlán estuvo tocando el teponaxtle; en Huixcatlán [la Aguililla] se puso a tocar otra vuelta. Llegaron a Tepoztlán. El Tepozteco dejó el teponaxtle con el mayordomo de La Santísima. La tropa que lo venía siguiendo llegó hasta la casa donde vivía. Vino un airón y los encantó de piedra y ésos son los escalones de la montaña y cada soldado es una piedra. Y no van a revivir sino que hasta que se acabe el encantamiento.

"Estuvo viviendo mucho tiempo y, mientras, en México hicieron una campana soberbia. Y cuando la tuvieron hecha, no podían subirla al campanario de la Catedral. Pero decían que en Tepoztlán había una persona muy potente y lo mandaron llamar. En el camino corta zacate, tlalixtli, e iba haciendo cadenas y cadenas; y cuando llegó a México lo llevaron donde estaba la campana.

"Entonces dijo: 'Háganme el favor de cerrar todas las casas, todas las puertas, todas las ventanas. No quiero que estén abiertas, ni que ande nadie por la calle'. Así fue. Cuando estuvieron cerradas y todos estaban guardados dicen que oyeron que empezó a hacer aire. Hacían unos airones pero soberbios. Y los que dejaron abierta su ventana se volvieron locos por el aire. Y cuando oyeron la campana ya estaba repicando. Las cadenas de zacate se habían vuelto de fierro. Le regalaron cuatro palomas y se las trajo en un cajoncito cerrado. Y el cajoncito lo puso en la plaza [de Tepoztlán] y les dijo a todos los del pueblo que no lo abrieran. Pero siempre somos nosotros babiecos, curiosos. Así que abrieron la cajita. Y una paloma voló para Cocoyoc, otra para Oaxtepec, otra para Cuernavaca. Nosotros íbamos a ser ricos, pero aquí se quedó la paloma encueradita. Éramos ricos, pero la curiosidad pudo más. Así perdimos. Iba a ser México aquí. Y él se estaba dando cuenta de lo que estaba pasando, él, el poderoso, el que es aire. No se sabe si está vivo. Unos dicen que está encantado en el Tepozteco. Otros dicen que en la Laguna de México. En 1935 no llovía... todo el aire estaba caliente, y la milpa se estaba quemando; y se le hizo una fiesta a la Virgen de la Natividad, porque así mandó decir el rey Tepozteco, y entonces sí llovió. No sabemos si la Virgen que está en la iglesia, la Virgen de la Natividad, es su mamá, no lo sabemos. Dios sólo sabe. "Y cuando sea el fin del mundo, el Tepozteco saldrá de los cerros y las tropas que se volvieron escalera de piedra saldrán con él. Entonces los cerros tienen que bramar... No va a llover. Todos los que están muertos con un varazo Dios los va a despertar. La tierra tiene que prender."

De la historia del Tepoztécatl, existen, por supuesto, muchas variantes, pero tengo para mí que lo principal de la historia es tal y como nos la narró don Urbano Bello: su nacimiento de una mujer virgen, su escapatoria del daño de los que querían quitarle la vida por impedir que fuera grande, su destrucción del monstruo, su robo "sagrado", su huida y su posterior reinado, que es una de las profecías tepoztecas. Escribe el centenario Ernst Jünger, en su libro *La tijera,* que "a los personajes que dejan huellas profundas en la historia se les atribuyen también leyendas; conviene prestarles atención. Las leyendas apuntan a una potencia tan alta del personaje, que hasta ella no llegan ni sus obras ni sus actos, por muy grandes que sean; a esa potencia se la cree capaz de fuerzas prodigiosas". Don Urbano Bello, al narrarnos la leyenda,[8] no quiso contárnosla al aire libre, no la fuera a oír el rey o la montaña; sino que entramos, y ya bajo techo narró esta historia extraordinaria, viendo que apuntara yo las cosas bien, que quedara bien contada. No es cosa de prisa, sino de respeto.

Consistentemente, la tradición oral atribuye al Tepoztécatl, si no la paternidad del pueblo, sí su señorío, señorío que permanece. Ligado a Quetzalcóatl, por ser hijo de Ehécatl, y ligado a las divinidades de la embriaguez (a Ome Tochtli, en particular, pues el conejo siempre estuvo ligado al pulque y a la luna), por considerársele el inventor del pulque, como informa fray Bernardino de Sahagún,[9] el Tepozteco fue un "denominador" y un "hacedor", como corresponde a su alta genealogía. Las montañas, los escalones de piedra, las barrancas, los arroyos, la pirámide, fueron construidos o nombrados por él. Y si su pueblo le hubiese obedecido, disfrutaría hoy de gran poder, mucho mayor del que posee. Deseo que lo acompañen mis oraciones y la protección de Dios. Su amigo, Pablo.

Carta sexta

Tepoztlán, a 9 de septiembre de 1995

Querido amigo:
No sé si usted ha alguna vez estado en un lugar el día en que algo estalla. Aquí acaba de ocurrir, apenas si llevamos unos cuantos días de gran emoción y peligro. De pronto, un día de agosto, el presidente municipal, uno de cuyos lemas había sido el oponerse a los megaproyectos que rondaban el futuro del pueblo, dio un "albazo". Es una costumbre extendida en muchos países; y consiste en hacer algo muy importante y decisivo de madrugada y a las volandas, casi en secreto, de modo que no pueda haber oposición al asunto, por hallarse éste consumado. Dio, pues, un "albazo", que era el permitir los trabajos que darían inicio a un club de golf, un "pueblito" en condominio y un corredor de industria inteligente y sin humo. El presidente municipal era joven, estudiado, ambicioso: le salió el tiro por la culata. Cohetes, campanas y altavoces convocaron, azuzaron e hicieron propaganda tal que en dos días ya no quedaba ninguna de las autoridades en el pueblo. Había olvidado, a mi parecer, dos cosas: que la gente está muy cansada de la modernidad y que en Tepoztlán la colonia de fuereños se iba a oponer a un proyecto que, para ellos, le robaría lo "mágico" y lo "encantador" al pueblo. Fuera de ello, aquí la gente es orgullosa, atenida: terruño y patria.
El pueblo tepozteco ya había luchado en contra de una extensión ferroviaria, de la instalación de unas "cabañitas" y de un teleférico que hiciera más fácil la subida a la pirámide, tres absurdos modernos que hubiesen borrado

al pueblo del mapa de Morelos como una comunidad de destino. En 1995 la amenaza que se yergue sobre el pueblo es un club de golf, en tierras cercanas a San Andrés de la Cal. Un don de mucho saber nos dijo que aquí "iba a haber carne". Primero Dios y no.

El 24 de agosto de 1995 los tepoztecos tomaron su propia presidencia municipal, que es el asiento de los poderes del lugar, desconociendo, como en otras ocasiones, a sus autoridades. Desde ese día hasta el día de hoy se ha fraguado en Tepoztlán una revuelta campesina conservadora, diría uno. Otro resaltaría el hecho de que está apoyada por las redes ecologistas, o es una revolución, diría otro. Es una revuelta que se da con una periodicidad constante en nuestra nación: la lucha de las comunidades en contra de la expansión del mundo moderno.

Luego, torpemente, el gobernador actuó y tuvo escasas recompensas. Como todos los años, un día antes, el 7, tuvo lugar un acontecimiento impresionante. La gente de Tepoztlán subió al Tlahuiltépetl, a velar al Tepoztécatl y a llevarle su ofrenda.

Es fama que "el 8 de septiembre de 1538, fiesta de la Natividad de Nuestra Señora, se cree que fue bautizado nuestro héroe local por fray Domingo de la Anunciación. Un año después, cuando Tepoztécatl festejaba alegremente el aniversario de su bautismo, reverenciando dignamente la Natividad de la Virgen, se presentaron intempestivamente los reyes o señores de Cuernavaca, Yautepec, Oaxtepec y Tlayacapan a reclamarle, airados, que hubiese abandonado sus antiguas creencias y el culto que se le tributaba en la pirámide a Ome Tochtli... Ante la irrupción de los señores de los pueblos vecinos durante los festejos conmemorativos, Tepoztécatl salió a contestar el reclamo que le hacían y pudo convencerlos para que fueran también bautizados... Esto es lo que narra la representación en náhuatl que se recita cada 8 de septiembre. Existe la tradición de que, cuando no se hace esta representación apropiadamente, Tepoztécatl se enfurece y hace correr grandes vientos y caer terrible tormenta". Así escribe Joaquín Gallo S. Éste es el "drama danzado [que] conmemora la valiente defensa de Tepoztlán que hizo el Tepoztécatl en contra de los ataques de pueblos vecinos", según Robert Redfield: pero el Tepozteco tiene muchas leyendas. Gutierre Tibón, al comparar éste con otros héroes de las mitologías y cosmovisiones de otros pueblos, concluye que "lo que distingue al Tepozteco de los demás héroes es su sobrevivencia hasta nuestros días a través de la fiesta anual que se celebra en su honor".

El Altepéilhuitl de este año tuvo particular importancia; y se decidieron muchas cosas. La ceremonia fue extraordinaria: la gente subió con la intención de ofrendar, pero subieron también para pedir consejo y amparo en la difícil situación del pueblo. La subida con antorchas por la empinada escalinata puede haber sido guardada como un secreto y haber reaparecido después de 1895: también es cierto que antes, según Ceballos Novelo, "estaba la tradición de que pasados los años", luego de ser derribado Ome Tochtli de su pirámide, "los tepoztecos oían con pavor los lúgubres lamentos del dios destronado y nadie osaba levantar la vista a su templo, hasta que en 1895 cesó este miedo supersticioso al ser explorado el monumento por el arqueólogo Francisco M. Rodríguez". Hoy, cien años después, la ascensión a la montaña sagrada revistió una solemnidad especial: "frente a la grey creyente en su historia y la de sus antepasados... los presentes oraron para que 'los enemigos del pueblo' comprendieran los males que le causarían a Tepoztlán al construir en su territorio un club de golf... Luego... veladoras, tamales, mole, pulque y atole de maíz fueron colocados en el atrio (sic) de la pirámide, mientras se esperaba una señal que sólo ellos conocían y que Tepoztécatl, el guerrero de los aires y del agua... ya había manifestado" con anterioridad, según se lee en el libro impreso al vapor y que hoy compré, titulado *La ira del Tepozteco*. ¡Un pueblo en vilo ante la traición y el engaño! La gente ha ido a pedir consejo, en la montaña, a su dios tutelar. Y éste respondió. Se cuenta una nueva hazaña del rey Tepozteco. No sé si le había ya contado que este hijo de Ehécatl gusta de presentarse como un niño indígena, a veces vestido de calzón de manta y camisa blanca, llevando un sombrerito y una flauta, a veces en formas más arcaicas. Hubo aquí, en una de las entradas, un zafarrancho. No todos en el pueblo estaban en contra de la construcción del club: sobre todo, muchos de los comuneros y de los habitantes de los pueblos desperdigados circularmente alrededor de Tepoztlán, que es su cabecera, estaban a favor del proyecto y también algunas familias de Tepoztlán. Un domingo va a haber una junta de comuneros. La policía piensa "protegerlos" y ya sabe usted qué fácilmente, desde hace mucho, se producen los choques. Se han vertido muchas versiones. Pero se dice que justo iba a comenzar la refriega, y avanzaban los granaderos, que son policías antimotines, en contra de la gente enardecida por la invasión a su pueblo por parte de la fuerza pública. La gente bloqueaba las calles y, de pronto, los intrusos se detuvieron. Les dieron de pedradas. Pero no fueron las piedras ni los palos los que los dejaron inmóviles, y luego los hicieron correr y retirarse, dejando al pueblo dueño del pueblo. Apareció de pronto, bailando frente a los granaderos, un niño indígena, bailando apareció, tocado con plumas, armado de un arquito y en él una flecha con su punta de obsidiana. El niño los amenazó con sus armas, y los policías sintieron debilidad, malestar, miedo. Allí bailó frente a ellos. Y el primer zafarrancho fuerte (esto fue el 3 de septiembre) se resolvió a favor de estar en contra del club. Es increíble que a un personaje prehispánico, en un pueblo en que se supuso que la tradición cedería, se le atribuyan y consideren nuevas hazañas: ésta tiene apenas seis días. Ya cuando lo de la vía del tren un niñito también había traído trombas de agua y de viento, y había hundido las máquinas.

El proyecto del ramal a Santo Domingo Ocotitlán se canceló entonces, para siempre.

Un saludo de su amigo Pablo.

Carta séptima

Tepoztlán, a 24 de septiembre de 1995

Querido amigo:

Ya la propia etimología de Tepoztlán ha sido una cuestión debatida. Difícil como es la cuestión, concuerdan casi todos los varones eminentes que se han ocupado del tema, que Tepoztlán significa "lugar del cobre". Pero aquí surge la gran dificultad, advertida por generaciones de escritores: en ningún lugar de Tepoztlán hay, ni por asomo, cobre.

Las etimologías de Cecilio A. Robelo y de Ángel Zúñiga son las más convincentes. Para Robelo, dada la escasez de cobre, Tepoztlán ha de significar "donde se venera al cobre".[10] Don Ángel Zúñiga, nahuatlato y escritor tepozteco, traduce Tepoztlán por "te", apócope de cerro, "poztetica", quebrado, y "tlan", lugar, resultando "lugar de los cerros quebrados"; y se apoya fehacientemente en el glifo del lugar: "un cerro con una herramienta que se usó para quebrar piedra".[11] El Tepozteco fue un "denominador de cosas" y un "hacedor de cosas". Tal vez sería muy aventurado decir que la etimología puede ser al revés: es el personaje el que da el nombre al lugar; y no el lugar el que concede su nombre al personaje. El Tepozteco, como otras divinidades y otros héroes culturales, *nombra* las cosas. Tepoztlán significaría, así: "lugar del Tepozteco".

Y, como le explicaba en mi última carta, sigue siéndolo.

¿De dónde eran sus gentes? Su genealogía y generación proceden, según fray Diego Durán, de la tribu xochimilca; aunque con mayor precisión podría afirmarse que, como los xochimilcas, los tepoztecos son tlalhuicas o tlahuicas, como se escribe ahora. Es posible que las pinturas rupestres y petroglifos que hay en Venaditos y otras partes del valle sean de gente anterior, de otra raza. Mucho está oscurecido de su origen.

Mucho tiempo después de estar asentados en el valle, al morir Axayácatl (1481), llegaron de muchos reinos y partes a ofrendar al muerto y a la elección del rey siguiente. Escribe fray Diego Durán que "luego llegaron los de Yauhtepec y los de Huaxtepec, Yacapichtlan y Tepuztlan y ofrecieron, después de haber hecho cada uno en particular su razonamiento al muerto, cuatro esclavos. A los cuales esclavos llamaban *tepan tlacaltin* y por otro nombre, *teixpan miquiz teuicaltin,* que, el uno y el otro, quiere decir 'los que iban tras el muerto a tenerle compañía'. Y por que sepamos qué gente eran estos esclavos, éstos eran los esclavos domésticos del servicio de los señores, comprados o habidos por justicia... Trujeron mucho papel y cargas de mantas y plumas y otras muchas joyas y preseas".[12]

La piedra que se halló en lo alto del teocalli trae grabado el año 1502 o 10 Tochtli, pero la pirámide se dice fue construida hacia 1150, según tradición oral.

Y aún más: de acuerdo con fray Juan de Torquemada, en su *Monarquía indiana* (libro IV, XIII), al llegar los grandes cerros volteados, que iban sobre el agua, y estos que se suponían Quetzalcóatl, estos que venían montados en unos como venados, estos que venían a cumplir el trágico destino de las razas indígenas:

"Fueron nombrados cinco señores para que llevasen un presente que el emperador enviaba a Quetzalcohuatl, los cuales fueron Yohualychan, y éste fue por mayor, *Tepuztecatl, que era casi igual al primero,* Tizahua y Huehuetecatl y el quinto se llamaba Hueycametcatleca y mandóseles que con la mayor brevedad posible fuesen a la mar y hablaran de parte de Motecuhzuma y su senado a Quetzalcohuatl su señor y le ofreciesen el reino y un gran presente que les fue dado, para que le llevaran".[13]

Cercano parentesco habían de poseer, dentro del gran

continuum nahua del cual las siete tribus no fueron sino sus últimos exponentes, para que, mera suposición o conjetura, el emperador azteca mandase, en misión crucial, al que, conjeturando, creo podría ser el rey de Tepoztlán, o un sacerdote investido de la personalidad del dios de Tepoztlán. A Cortés le ofrecen los enviados una copa de oro con sangre, por creer que Quetzalcóatl vendría con sed, pero el capitán extremeño la volcó con gran espanto de los enviados.

Sin duda la llegada de los españoles fue el inicio de la más dura prueba de las relaciones de alianza entre tlahuicas y mexicanos: el sitio temible al que Cortés sometió a México-Tenochtitlán, a cuyo término hasta los que habían oído del sitio de Jerusalén y la destrucción de su templo se preguntaban si era posible tanta muerte y tanto estrago.

Durante el sitio, Cuauhtémoc "procuró meter en la ciudad mucha gente de guarnición y todos los más valerosos y valientes hombres que pudo... [gente] que sola estaba contra los españoles, juntamente con la tlalhuica, que es la del Marquesado y Tierra Caliente, conviene a saber: Yacapichtlán, Huaxtepec, Yauhtepec, *Tepoztlán*".[14] Luego de la Noche Triste de la derrota de los españoles y su huida de México-Tenochtitlán, junto con sus aliados tlaxcaltecas, y de la batalla por el cerro de Chimalhuacán, "se fueron los teules a Huaxtepec, saliendo por el sur del valle de Anáhuac, pero... los tlahuicas habían huido. Así pasó en Yauhtepec. Sólo tomaron mazorcas de maíz y unos niños y mujeres escondidos en el monte. Allá estuvieron hasta que los hombres vinieron a dar la obediencia. Luego hicieron camino a Cuauhnáhuac, la ciudad cabecera de todos los tlahuicas, cuyo señor, Yoatzin, tenía defendida.

"Malinche [Cortés] buscó por los barrancos un paso para entrar, pero los tlahuicas los tenían guardados con sus lanzas y flechas. Estaban alertas, detrás de los escudos. Malinche descubrió un árbol sobre un barranco, y los teules y los tlaxcaltecas pasaron por él, tomándose de las ramas y las cuerdas que amarraron. Los tlahuicas fueron cogidos por las espaldas y por los lados, y el señor Yoatzin se fue al monte mientras los tlaxcaltecas saqueaban e incendiaban la ciudad".[15]

"Pues luego que el marqués ganó a México, salió a conquistar las demás provincias y pueblos que aún no estaban allanados, especialmente el que ahora decimos Marquesado; que puesto en armas, se defendió muchos días teniendo por caudillo al señor de Yacapichtlan, el cual era hijo o nieto del valeroso Tlacaelel, de quien la historia ha hecho larga mención, así de él, cómo de sus hazañas; de cuya línea son los señores de Yacapichtlan. 13. Éstos estaban hechos fuertes en los peñascos de Tlayacapan y de Totolapan y Tepoztlán; pero luego la artillería empezó a jugar, y a caer indios de los peñascos abajo, desampararon sus fuerzas y se metieron huyendo a los montes, y así el marqués iba ganando estos pueblos y ciudades".[16]

Tanto ganó que el rey le concede el título más alto de la tierra recién conquistada: "el 6 de julio de 1529, el rey firma en Barcelona, la merced de 23 mil vasallos en la que aparece la lista de pueblos que otorga a Hernán Cortés, el más importante de los dones que recibe, al lado del título de marqués".[17]

Y si bien Hernán Cortés prefirió vivir en Cuernavaca, en donde aún se levanta su extraño palacio-fortaleza, su hijo Martín Cortés, el primer criollo, vivió en Tepoztlán, a un costado de la iglesia de la Santísima Trinidad, según tradición oral. En 1547 muere Cortés y "su heredad pasa a su hijo Martín... nunca se sabrá si Martín Cortés realmente conspiraba para tomar el poder en 1556", según Bazant. Ésos fueron los años del "congregar" a los indios en pueblos, dentro de la gran *alucinación* (de Pimentel) de las conversiones, luego de las grandes plagas, "cuando estábamos nepantla". Entre "1550 y 1564 se llevó a cabo este programa en toda la zona agrícola de México... las cabeceras, por lo general *se bajaron de sus peñoles* y se asentaron en los lugares más llanos, construyendo en ella iglesias, casas de gobierno y cuadras de habitaciones para los campesinos. Cada calpulli se concentró en un barrio y se le asignaron terrenos para repartir entre los jefes de familia".[18]

Prueba de la supervivencia es la división de Tepoztlán en siete barrios, descendientes de los *calpulli* originales, aunque en tiempos recientes, al incorporarse como barrio San José, su número tornóse de ocho.

Tepoztlán, en su primer siglo como pueblo conquistado y refundado en el dominio español, tuvo varios visitantes muy ilustres. La inteligencia más límpida y humana que recorrió pedregales y llanos y escaló los montes tepoztlánicos fue el protomédico de don Felipe el Segundo, Francisco Hernández. Actuando Hernández y su gente bajo órdenes directas, precisas e impacientes de Felipe II y, "guiados por los altos luminares del cielo, corrimos toda Nueva España, sus ríos y montes, sus ciudades y pueblos".

En 1573, Hernández "desde Cuernavaca llegó a Tepoztlán, donde el convento dominico le brindaba alojamiento. Instala en este nuevo lugar su gabinete de estudio y sigue recopilando materiales para su *Historia natural de la Nueva España*. En alguna ocasión, mientras describe alguna de las muchas plantas referidas a esta localidad, escribe: *La hemos descrito y dibujado en Tepoztlán, donde la encontramos*, con lo cual se evidencia lo que venimos diciendo de su permanencia en el pueblo. En estos montes tepoztlánicos nos refiere un encuentro que hace pensar en los riesgos y peligros pasados durante las expediciones; la fauna entonces era más rica de lo que es hoy y los campos estaban menos habitados. Eso hacía que los reptiles fueran muy abundantes y debió de resultarle poco agradable al protomédico lo que nos cuenta del *tlicóatl*, del que dice: 'Encontré en Tepoztlán una serpiente de diez codos de longitud... y del grueso de un hombre, toda negra... su mordedura es mortal... No hay tampoco serpiente que persiga a los hombres con tanta velocidad como ésta.'

"No es aventurado suponer que después de este y otros sustos similares, desde este mismo lugar de Tepoztlán continuase el viaje iniciado en Cuernavaca, siguiendo una ruta que, después de bordear el macizo montañoso del Tepozteco, había de llevarlo a... Yautepec y Huaxtepec".[20] Más de sesenta menciones hace el ilustre Hernández de la flora y la fauna de Tepoztlán en su voluminosa obra. La "Relación de Tepoztlán de 1580", incluida en los increíbles *Papeles de la Nueva España,* publicados en Madrid por don Francisco del Paso y Troncoso, establecen que "atraviésase una serranía muy grande y fragosa de monte y peñas que corre de oriente a poniente: serán las ocho leguas dellas de mal camino de sierra e piedras".

Una descripción más tardía, no ya de la curiosidad del Habsburgo, sino del afán borbónico por las pesas y medidas está contenida en el *Theatro Americano,* del mexicano José Antonio de Villaseñor y Sánchez (1746. I, XXXVII): "A la parte del norte de Cuernavaca y en distancia de tres leguas se halla situado el pueblo de Tepoztlán, de este mismo partido. Es uno de los más populosos de la jurisdicción. Tiene su Gobernador y Alcaldes de República, Iglesia parroquial y Convento de Santo Domingo, que es Priorato y Casa de Voto de la Provincia, con Cura Ministro y sus Vicarios y a su Doctrina están sujetos seis pueblos que le hacen círculo y se intitulan: San Andrés [de la Cal], Santa Catarina [llamado durante el furor anticatólico "Gabriel Mariaca"], Santiago [Tepetlapa], Amatlán [de Quetzalcóatl], Santo Domingo [Ocotitlán] y San Juan [Tlacotenco] a corta distancia uno del otro y en ellos viven novecientas sesenta y tres familias de Indios: padecen escasez de agua y tratan en cortes de madera, maíz, frijol, y fruta en crecida cantidad, por hallarse en su recinto más de catorce mil árboles frutales".

La naturaleza sobrada de Tepoztlán y sus riscos y peñas particulares aparecen constantemente: y en ellos, atrincherados frente a Juárez y sus medidas anticlericales y luego en contra de Díaz, a medida que el liberalismo porfirista iba creando "enclosures", los tepoztecos. Cierto que el porfirismo va a dar a Tepoztlán escuelas y oportunidades para sus hombres ilustres: aquí desde entonces ha habido imprenta: el año pasado no uno, sino tres libros salieron sobre Tepoztlán, y este año ya han aparecido dos. Pero justo por ello, Tepoztlán se va convirtiendo en "uno de los centros tradicionales de la independencia y del descontento agrario", a decir de John Womack. Y al iniciarse la revuelta campesina y tradicionalista encabezada por Emiliano Zapata, en los habitantes reverbera con tamaña fuerza el levantamiento, que el pueblo entero se torna zapatista, como muchos otros pueblos del extinto Marquesado. El resultado, como en Milpa Alta, es la matanza. La respuesta del gobierno es ésa. El ensayo de Joaquín Gallo S., "Tepoztlán y Zapata", narra esos años terribles con abundancia y simpatía. Tepoztlán se vació: en 1917 no había nadie en el pueblo: los hombres muertos o huidos; y las mujeres y los niños en Xochimilco y en Oaxaca, pasando hambre. 1918 fue el hambre... Luego fueron volviendo. Se establecieron de nuevo, en los mismos solares que habían ocupado sus familias. Womack menciona un "sindicato de bolcheviques" hacia 1922, pero no da mayor detalle: es también la época en la que el pueblo adoptará el pozole y otras comidas traídas de Oaxaca y de Guerrero y en que el comercio y la agricultura toman un nuevo impulso. En 1930 aparece el hermoso libro de Robert Redfield, el primero dedicado íntegramente al pueblo ubicado en el "valle de los brujos": *Tepoztlan. A Mexican Village. A Study of Folk Life*, con el sello de la Universidad de Chicago. Éste es un libro fundamental. Sencillo, informado, y hecho por un hombre que tenía gran paciencia y muchas ganas de entender, de adentrarse: Redfield era ese hombre "bondadoso, pero sagaz", y cuyas palabras y fotografías muestran un pueblo fuertemente entrelazado y que conserva en mucho su manera nahua. Las veinte fotografías del volumen son invaluables: el temascal caliente, los tecorrales, las calles de polvo en secas y de lodo en lluvias.

El siguiente testimonio, por demás interesante, es el de Ceballos Novelo, en 1933, dedicado al Tepozteco y a Teopanzolco, una ruina cercana, pasando Santa Catarina. Los años treinta fueron de cierta prosperidad, la gente tenía centavos. Luego viene el del infatigable viajero alemán Colin Ross, quien estuvo en Tepoztlán hacia 1936, antes aun de ninguna carretera. Hay que tomar en cuenta de dónde venía (la Alemania del nacionalsocialismo) y a dónde llegaba: el México cardenista. Así, la mayor parte de sus impresiones se refieren al intento de introducción del socialismo en México, a la persecución religiosa y a la lucha de Saturnino Cedillo o de los finqueros de Chiapas en contra del régimen. Sobre Tepoztlán, escribe Ross: "los tepoztecos viven, piensan y sienten no demasiado diferente de como eran en tiempos de los aztecas"[20] por hallarse lejos de las vías de comunicación y por la muy poca sangre blanca o mestiza que corre por sus venas. El estado, sin embargo, interfería en la vida del pueblo: así, "no puede haber ni misa ni prédica, dadas las leyes anticristianas del gobierno, pero, solos, los tepoztecos van de todas maneras a la catedral, se hincan frente al santísimo y prenden velas frente al altar mayor. Pero no han dejado de tener confianza en sus viejos dioses... Alta y arriba, sobre los peñascos a cuyos pies se encuentra el pueblo, aún está en pie la pirámide, más bien colgada entre las piedras, erguida y poderosa. Los tepoztecos aún hoy suben y sobre los escalones del viejo templo pueden verse flores o frutas o incluso la sangre de un guajolote recién sacrificado. Aun así son buenos cristianos... por más que en la 'escuela socialista' se les enseñe que no hay tal Dios".[21]

Para Ross el concepto del ejido, anterior a la revolución, anterior aun al descarriado intento de Juárez de destruir las "repúblicas" y otras comunidades indígenas, propiciando los latifundios sin querer, funciona en pueblos como Tepoztlán, que conservan una parte de su legado prehispánico. "Ejido viene del latín *exitus*, queriendo significar el camino hacia afuera. Su reintroducción en el campo mexicano puede ser, para la golpeada agricultura mexicana, un 'camino a la libertad', cuando el vocablo se traduce a la concepción indígena del 'calpulli'; si 'ejido' no significase únicamente 'tierra en común' sino una comunidad unida por lazos de sangre, que comparte las labores."

El valor de este concepto de "sangre", con el cual se zanjaban las cuestiones en esos días, había sido ya defenestrado por Oswald Spengler al examinar los fundamentos de la cultura arábiga y las diferencias entre alma antigua, alma mágica y alma fáustica. Mejor, por tanto, sería hablar de Tepoztlán como de una "comunidad mágica" en el sentido spengleriano.

Dejo la palabra a doña Luz Jiménez, habitante de Milpa Alta, un pueblo emocional y racialmente ligado a Tepoztlán, quien recuerda que "se cuentan cosas sobre el cerro del Teuhtli y sobre todos los cerros que rodean allá en el pueblo de Milpa Alta. Nos contaban nuestros abuelos que el Teuhtli, hablando de cerros, era el más importante. Allí se formaban los grandes hombres, maravillosos, los curanderos, que se dicen, que se llaman sabios. Cuando alguien se enferma, se dice 'Vamos a limpiarnos con yerbas o con huevos'. Allí van a arrojar los huevos o yerbas, con la piedra que se llama jade; allá donde está el Teuhtli.

"Y todos estos cerros se comunican unos con otros hasta Cuernavaca. Hay un camino abajo del Teuhtli y va a llegar hasta Cuernavaca. Allí hay otro gran sabio: el gran señor Tepozteco, el que está al otro lado, junto a tierras de Tepoztlán. Este señor también es un gran sabio (Inintzin tlatihuani no hueyi tlamatcatzintli). Mucha gente de Milpa Alta va a vender leña a Tepoztlán. Luego vuelven: allá están con el gran sabio: el Tepozteco.

"Luego está el Popocatépetl; también es un gran señor. Allí está durmiendo y su esposa está a sus pies. Se llama la 'Mujer Blanca' o 'Mariquita'".

Y luego, amigo mío, hay todavía quien cree que puede irse en contra de estos cerros y de esta gente.

Al contrario de lo que cree Lewis, el mundo en el que vive no está lleno de fuerzas "hostiles", sino de fuerzas todopoderosas, que protegen y amparan y que, únicamente al ser desatendidas, o provocadas, se tornan punitivas. Para Lewis la maldad de las fuerzas está antes que su poderosa bondad, cuando, si acaso, son manifestaciones que no se preceden.[22] El poder de "punición" es, de hecho, posterior al poder de "recompensa". Y si bien el tepozteco es un hombre pragmático, lo es dentro de esa comunidad mágica. Se equivoca Lewis al escribir que "la naturaleza profundamente práctica de los tepoztecos excluye la fantasía religiosa, el misticismo o cualquier preocupación de índole metafísica". Muy al contrario: la mística, la leyenda, el mito, están vivos en Tepoztlán, y la gente se guarda de los poderes.

Suyo, Pablo

Carta octava

Las Islas, a 20 de septiembre de 1995

Querido amigo Pablo:
"Hay terrenos donde, contempladas geológicamente las cosas, se ha conservado una inquietud sísmica... Algo similar ocurre, vistas las cosas geománticamente, en las regiones donde el mito no se ha enfriado todavía, donde aún no se ha convertido en historia pasada. Si buscásemos en esas regiones con un aparato parecido a un contador geiger se producirían en él oscilaciones particularmente extensas. Proclives a eso son los terrenos en que dominaron pueblos que desde luego han desaparecido políticamente, como los celtas, los etruscos, los aztecas, pero que aún se hallan presentes en forma de suelo natal", escribe Jünger (*La tijera*, XXXIV). La serranía de Tepoztlán me parece un sitio así. Esa serranía es un lugar numinoso. Sigo a Rodolfo Otto cuando escribe: "sólo se puede dar una idea del peculiar reflejo sentimental que provoca en el ánimo... el *misterio tremendo* puede ser sentido de varias maneras. Puede penetrar con suave flujo el ánimo, en forma de sentimiento sosegado de la devoción absorta. Puede pasar como una corriente fluida que dura algún tiempo y después se ahíla y tiembla, y al fin se apaga, y deja desembocar de nuevo al espíritu en lo profano. Puede estallar de súbito en el espíritu, entre embates y convulsiones. Puede llevar a la embriaguez, al arrobo, al éxtasis. Se presenta en formas feroces y demoniacas. Puede hundir al alma en horrores y espantos brujescos. Tiene manifestaciones y grados elementales, toscos y bárbaros, y evoluciona hacia estadios más refinados, más

puros y transfigurados. En fin, puede convertirse en el suspenso y humilde temblor, en la mudez de la criatura ante... –sí, ¿ante quién? –, ante aquello que en el indecible misterio se cierne sobre todas las criaturas". "La veneración originaria es existencia", escribió un gran sabio.

Las cosas están allí, nada lejos, haciendo percibir a quien lo desea la magnitud de lo que acaece. Lo otro, es decir Dios, a quien buscamos, deja sentir su presencia en las montañas. Esto era de sobra sabido. "Desde siempre viene considerándose que las montañas son lugares donde hay tesoros, lugares que ocultan riquezas palpables y que brindan un poder de largo alcance", escribe el Mago del Norte.

Quisiera traer a cuento, respecto a eso que me escribe usted del club de golf, estas palabras de Daisetz T. Suzuki, uno de los estudiosos del Zen que han tratado con mayor ahínco de tender puentes espirituales a occidente. Escribe Suzuki:

"En estos prosaicos días en que vivimos hay una moda entre los jóvenes japoneses de subir altas montañas, sólo por el hecho de subirlas: y llaman a esto 'conquistar las montañas'. ¡Qué profanación! Ésta es sin duda una moda importada de occidente junto con muchas otras que no vale la pena aprender. La idea de la así llamada 'conquista de la naturaleza' viene sin duda del helenismo, imagino, para el cual la tierra ha de hacerse sirviente del hombre; y han de obedecerle vientos y mares. El hebraísmo está sin duda de acuerdo con esto. En el oriente, sin embargo, esta idea de sujetar a la naturaleza a las órdenes o al servicio del hombre para obrar conforme a sus egoístas intereses nunca ha sido bien aceptada. Nunca la naturaleza ha dejado de ser caritativa con nosotros: no es, por tanto, una especie de enemigo al que haya de subyugar. Nosotros, los orientales, nunca hemos visto en la naturaleza a un poder opuesto. Al contrario: ha sido una constante amiga y compañera, que goza de nuestra absoluta confianza a pesar de los frecuentes temblores que asaltan nuestra tierra. La idea de conquistarla es una aberración. Y, si logramos escalar una montaña, ¿por qué no decir *he hecho una buena amistad*? Andar buscando cosas que conquistar no es la actitud oriental frente a la naturaleza.

"Por supuesto, en Japón, desde tiempo inmemorial, subimos al monte Fuji: pero nuestro propósito no es 'conquistarlo', sino impresionarnos con su majestad, con su grandeza, con su belleza: lo subimos también para ofrendar al sublime sol de la mañana que asciende entre nubes de muchos colores. Esto no es necesariamente un acto de adoración al sol, aunque no haya nada espiritualmente degradante en adorar al sol. El sol es el gran benefactor de toda vida en nuestra tierra, y es apenas apropiado que los seres humanos nos acerquemos a cualquier benefactor, ya sea éste animado o inanimado, con un sentimiento de gratitud y de aprecio. Puesto que estos sentimientos son sólo nuestros... Algunas de las grandes montañas del Japón, que han sido siempre populares, ahora tienen un teleférico y sus cimas son fácilmente alcanzables. El utilitarismo materialista de la vida moderna exige estas necedades, y tal vez no exista escapatoria a todas ellas: incluso yo los he utilizado, por ejemplo, para subir al monte Hiei en Kioto. Y aun así, me siento disgustado. La visión de los tramos iluminados de noche por la electricidad reflejan el sentido moderno de la ganancia sórdida del placer."

Espero que sus siguientes ascensiones sean buenas. Su amigo de Las Islas.

Carta novena

Desde el sitiado municipio de Tepoztlán, en Morelos,
15 de octubre de 1995

Querido amigo:
  Ante todo, gracias por sus comentarios, que aprecio mucho. Espero que goce del otoño: para mí, que al lado tengo milpa, potrero, montaña, es una temporada magnífica. Ayer fue un día claro, de cielo azul; y para la tarde fueron viniéndose unos aironazos que tiraron bastantes ramas sobrecidas durante el verano, y algunos árboles tiraron también. El camino viejo a Cuernavaca luce, a sus costados, las guirnaldas de *ololiuhqui*, asociadas a la Virgen María por el fuerte color cielo. En el cerro los arroyos empiezan a secarse: la estación ya entró. Empiezan los fríos con esas nubes como templadas por el veloz Ehécatl para trocarlas en cimitarras. En las noches de luna, el gran escudo lo ilumina todo y se ve al tochtli embriagado que le restó resplandor a sus rayos; y en las noches sin luna, con más frío, los astros. Se duerme uno, tras buenas o tras malas, y sopla toda la noche el aire llevándose o trayendo cosas. A la mañana siguiente pasaron tres o cuatro tepoztecos de sombrero y cinta conduciendo a unas seis o siete personas, de aspecto miserable, no sabría decirle si eran locos o presos, o tan sólo "chalmeros" que iban barriendo para ganarse unos centavos. Cada uno llevaba una escoba, e iban limpiando la calle de ramas y de hojas y de nidos y de xicotillos. Dejaron la calle que parecía japonesa; menos, claro, por los dos perros de la tortillería, que claman ascendencia europea. En cada zaguán hay una "cruz de pericón", que es una flor que se corta del

campo todo amarillo el 28 de septiembre y con la que se tejen las cruces. Éstas se colocan en los dinteles esa noche; y la cruz actuará, durante ese año entero, hasta que se vuelva a abrir el campo, como defensa en contra del Maligno. También en estas fechas se sacó a pasear al Santísimo, rogándole por una solución para el ensayo rebelde tepozteco que desinfle la presión del gobierno.

Los primeros días hubo quien se ufanó de ser "un pueblo sin ley": ahora ya hay autoridad, popular. Igualmente se ha bebido mucho, en este otoño que parece va perdiendo esperanzas de arreglos. Unos dones, ya muy tomados, a los que va despertando el sol y la sed y mandan al menos a que vaya y se traiga unas cervezas, pues han calculado que el don que las vende ya ha de estar despierto, aunque siga echado el candado en su zaguán. Empiezan a hablar, y uno se molesta –es muy temprano–, y los demás se ríen de él y de que se ofenda, y le hacen más bromas. Así hubieran seguido. Pero el aludido esgrime un argumento irrefutable:

–Dirán lo que quieran, pero yo sí soy tepozteco, tepozteco tepozteco.

Pasa el día y va creciendo la tarde: en los peñascos se ve un reflejo anaranjado de la luz que se va: las avispas y los pájaros regresan a sus nidos. De noche, voy a ver al amigo x*. Por pura curiosidad oye a los taxistas y a otras agrupaciones en las bandas de distintas ondas. Sobre la mesa hay varios números de *El Regional del Sur*, del *Diario de Morelos* y de una hoja verde que se llama algo así como *Tepoztlán Deportivo*, pero casi no trae nada de deportes. Tan sólo hablamos de qué va a pasar. Aunque la situación parece estática, es en realidad, cree él, un movimiento de cristalización.

La nula voluntad política; y, al mismo tiempo, la tendencia internacional a destacar municipalidades, y de éstas a reivindicar derechos olvidados o secuestrados.

En respuesta a su comentario respecto a los múltiples atropellos a las tradiciones y a las propias leyes, le diré que

Tepoztlán está protegido, por lo menos sobre el papel. El 22 de enero de 1937 fue creado el Parque Nacional de El Tepozteco, dotado con mil quinientas hectáreas, y su creación obedeció a una decisión del entonces presidente Lázaro Cárdenas. Aún más: el 30 de noviembre de 1988 el presidente Miguel de la Madrid decretó la creación del Corredor Biológico Ajusco-Chichinautzin, refrendando la tradición cardenista de proteger el entorno del pueblo de Tepoztlán y protegiendo, sin saberlo acaso, el camino secreto. Se creería que ambos decretos, emanados de la más alta investidura de mi nación, la Primera Magistratura, servirían para conservar estas áreas y evitar su profanación.

Pero México es un lugar de pleitos por la tierra. Eso marca su nacimiento. El derecho a la tierra es uno de los nudos gordianos del mapa mexíceo; y por eso en general la política ha sido la de dejar hacer, porque ejidos y otras propiedades tienen todos bordes de sangre. Aquí sigue siendo todo derecho de conquista: la famosa "ley de Herodes" parecerá broma, pero tiene un alcance profundo y extenso en el territorio nacional.

La mayor parte de los pueblos indios hace valer sus derechos citando las cédulas reales: un gran problema en una república liberal y masona, instaurada sobre una fractura, como usted me indicara: "México al mundo por igual divide", escribió don Bernardo de Balbuena. De más está decir que lo que ocurra en Tepoztlán determinará fuertemente el decurso ya establecido por el cual mi patria está ingresando a uno que parece prolongado calvario.

De todo lo anterior, se infiere que Tepoztlán necesita una política de protección de sus montañas que no esté al vaivén de las elecciones y de las modas, sino que sea un elemento permanente de sí, un elemento constitutivo e inamovible de todo futuro político del municipio, para luchar en contra del concepto mismo de "desarrollo". "A mi entender una nación está más desarrollada si respeta sus propios valores tribales", declara Jünger.

No es tan sólo la construcción de "megaproyectos" y "desarrollos". Los cerros sufren también, a pesar del celo de, por ejemplo, los empleados del INAH, verdaderos guardabosques, del "deterioro-hormiga". Tal vez muchos habitantes no se han percatado del deterioro gradual de la montaña, pero éste existe. De nuevo, es un "deterioro-hormiga". Cada visitante que deja su autógrafo o su basura, o que patea las piedras o enciende un fuego, no es sólo un inconsciente.

En Tepoztlán podría crearse, por primera vez en nuestra historia, salvo mejor opinión, el cargo de "Mayordomo de la Montaña", cargo que podría ser modelado a partir de los cargos de mayordomos y autoridades de barrios y fiestas, no tan sólo en Tepoztlán, sino en grandes repúblicas dentro de mi nación multiétnica. Muchos de nuestros males provienen de la República. "En un imperio", dice Jünger, "cada quien puede hablar en lo que guste... En una nación-estado hay que hablar el idioma de la nación-estado." Sea de ello lo que fuere, la creación de autoridades que respondan mejor a la gente que votó por ellos es la tarea, se supone, de gobernar. Un cargo que fuera algo así como el mayordomo de la montaña; y que éste tuviera a sus órdenes a tres o a cuatro guardabosques, que pudiesen, por medio de la persuasión o la obligación, impedir el constante daño que hoy en día sufre el Tepozteco, honraría a quién lo poseyese. La creación de una autoridad así uniría la tradición con la conservación y sería, para quien lo ejerciese, un orgullo grande dada la magnitud de la responsabilidad: el conservar, en un mundo inclemente, la "llamada de los cazadores en el bosque"; la voz del Tepozteco. El comentario de Confucio al signo "La Disolución" pone un cargo así en claro: "Para superar el egoísmo separador de los hombres es menester recurrir a las fuerzas religiosas. La celebración comunitaria de las grandes fiestas sacrificiales y de los grandes servicios religiosos, que al mismo tiempo fueron expresión del nexo y de la estructuración social entre familia y estado, era el medio que aplicaban los grandes soberanos para suscitar en los corazones una emoción mancomunada... y se despertara a la conciencia del común origen de todos los seres... Así se vencía la separación y se disolvía la rigidez. Otro recurso para este mismo fin lo constituye la cooperación en grandes empresas llevadas a cabo en común, que brindan a la voluntad una gran meta y... disuelven todo lo que separa". Y, más adelante, en una de las líneas individuales del hexagrama número 59, "La Disolución", se dice esto: "disolver, eliminar lo que podría causar sangre y heridas: evitar el peligro".

Amigo de las Islas: usted sabe, por sentirlo en carne propia, que "la adoración de las montañas está más viva de lo que se cree": así escribió Reclús, hace cien años.

Su amigo, Pablo

Carta décima

Tepoztlán, a 7 de enero de 1996

Querido amigo:
 Terminado un año, he decidido mudarme y dejar el pueblo. La verdadera quietud, dice el Libro, consiste en estarse quieto cuando el momento es de estarse quieto, y en moverse cuando ha llegado el tiempo de moverse. Usted sabe cuánto me cuesta a mí decidir algo y, en particular, salirme ahora del pueblo en el que espero vivir el resto de mis días, contradicciones aparte, paréceme no "una fea derrota", sino una distinta emboscadura. Eso sí: ya no más las mañanas barridas, el caballo que trae la leche, los perros, las linternas: he vivido estas cuatro estaciones, anotando los cambios de fauna, de flora, de ambiente, y espero que esto me ayude a una novela.
 Quiero convencerme de no salir por cobardía o por hacérseme la situación intolerable: al contrario, ya iba yo conociendo, ya iba yo haciendo amigos. En la calle en la que vivo, incluso en la ardua miscelánea en donde compro las cervezas, ya me iban conociendo. Aquí hay amigos, comunidad, respeto y, al mismo tiempo, tensión, hostilidad, rarezas.
 ¿Conoce usted la historia de la escuela del pueblo? Hace cincuenta años, en la única fuerza expedicionaria mexicana en combatir fuera de nuestras fronteras, el Escuadrón 201, que fue a luchar contra el Imperio en los frentes de Taiwán y de las Islas Filipinas, iba un tepozteco. Y, al volver, ileso, del lejano frente, y llegar con las "alas que retornan a su patria", los demás pilotos y técnicos a la estación de Buenavista, un 17 de noviembre de 1945, el

entonces presidente de México, Ávila Camacho, le preguntó que qué deseaba como premio. Y don Ángel contestó: "Una escuela para mi pueblo", frase digna del mármol. Y, no de mármol, pero si se levantó la escuela primaria federal "Héroes Caídos del Escuadrón 201", una de las más hermosas primarias del estado. Eso podrá decirle, más que otras cosas, cómo tienen su carácter en Tepoztlán. "Iba a ser México aquí"; así termina la narración del rey Tepozteco don Urbano Bello.

Fui a subir, a despedirme del cerro, y lo encontré tan admirable y amplio y abierto como siempre. Fui a otro de los grandes cerros, y me estuve paseando por los parajes denominados Mextitla, Calamatlán, Tlaxomolco ("Venaditos"), las pinturas rupestres: venados, hombres-perro cazando, hombres jaguares, cruces en cuadrantes adornados de círculos, ojos: la imaginería que dejaron las bandas de cazadores y de recolectores que, animados por un *Wanderlust* notable, recorrieron América antes de la construcción de las grandes hierópolis.

[...]

Siento haber concluido un primer año, un proceso de cambio, un ciclo, primero Dios para seguir el camino. Y, Dios por delante, Dios por eterno, como aquí se dice, veré de nuevo cómo anda todo por Tlalpan. Reciba un fuerte abrazo de su amigo que no lo olvida, Pablo.

Índice de nombres

Adán, 34
Agustín, san, 37
Akagi, montaña, 44
Alejandría, 35
Alejandro Magno, 32, 33
Alemania, 66
Alpes, 34, 40
Altepeilhuitl, fiesta, 15, 47, 55
Amatlán de Quetzalcóatl
  (Morelos), pueblo, 64
Amanalco, 49
Ana, santa, 45
Aníbal, 34
Anunciación, fray Domingo de
  la, 15, 17, 54
Aragón, 36
Ararat, monte, 34
Asakusa, templo, 21
aserá, 34
Atanasio, san, 35
Athos, monte, 33, 35
Ávila, 38
Ávila Camacho, Manuel, 80
Axayácatl, rey, 60
Axitla (Tepoztlán), 15
Ayers Rock, 31
Azorín, 38

Balbuena, Bernardo de, 75
Barcelona, 62
Bazant, Jan, 62
Beijing, 27, 29
Bello, Urbano, 47, 51, 80
Bernbaum, Edwin, 25
Bernalejo, monte, 31

Biblioteca Nacional de
  Florencia, 46
Black Elk, 20
Buenavista, estación, 79
Burckhardt, Jakob, 37

Caer Idris, 34
Calamatlán, 49, 80
Calvario, monte, 17
Canigó, montaña, 36
Cárdenas, Lázaro, 75
Carmelo, monte, 35
Cárpatos, cordillera, 40
Cataluña, 36
Cáucaso, cordillera, 32
Ceballos Novelo, Roque Jacinto,
  55, 66
Cedillo, Saturnino, 66
Cematzin (Cerro de la Mano),
  12, 29
Cerro del Hombre, 12, 15
Chabrand, Emile, 41
Chalcatzingo, 12, 13
Chalchitépetl (Cerro del
  Tesoro), 12, 29
Chalma, 13, 21, 45
Chateaubriand, marqués
  de, 40
Chiauhtempan, paraje, 45
Chiapas, estado, 66
Ch'ih Shih Huang-ti, emperador,
  27
Chimalhuacán, cerro, 61
Chimalma, 47
China, 21, 26

Las palabras "Tepoztlán", "Tepoztécatl", "Tepoztecalli" y "Tepozteco" no figuran en el índice por ser la materia del libro.

Cihtli, último rey de Tepoztlán, 15, 47
Citlalatonac, 47
Coatlicue, 47
Cocoyoc, 50
Confucio, 76
Conmeno, Alexis I, 35
Corredor Biológico Ajusco-Chichinautzin, 75
Cortés, Hernán, 38, 39, 40, 61, 62
Cortés, Martín, 62
Cuauhtémoc, último emperador mexica, 61
Cuautla, 47
Cubilete, cerro, 17
Cuernavaca, 12, 47, 49, 50, 54, 62-64, 67, 73

Dante, 22, 36, 38
De Lauria, Róger, 36
Díaz del Castillo, Bernal, 38
Díaz, Porfirio, 65
Dinócrates, 33
Durán, fray Diego, 59, 60
Duverger, Christian, 45

Efrén, san, 34
Ehécatl, 47, 51, 56, 73
Eliade, Mircea, 25, 26, 34
Escuadrón 201, 79, 80
España, 38
Estado de México, 12
Eutemio de Salónica, 35

Felipe II, 63
Felipe, el Ardido, 36
Feng Shui, sistema geomántico, 28
Filipinas, 79
Filipo de Macedonia, 37
Focas, Nicéforo II, 35
Formigueres, islas, 36
Francia, 36

Frisch, Max, 41
Fuji, monte, 30, 71

Gales, País de, 34
Gallo S., Joaquín, 55, 65
Gingaku-ji, 30
Gólgota, 34
Gran Lavra, monasterio, 35
Gómez Robledo, Antonio, 32
González Casanova, 46
Graves, Robert, 34
Gregorio, san, 45
Guadalupe, Villa de, 21
Guaxocingo, 39
Guénon, René, 20, 23
Guerrero, estado, 12, 65

Haemus, monte, 37
Heracles, 32, 33
Herder, Johann Gottfried, 38
Hernández, Francisco, 63
Herodes, rey, 75
Hiei, monte, 70
Hölderlin, Friedrich, 40
Huanshan, cordillera, 25
Huehuetecatl, señor, 60
Huejotzingo, 39
Hueycametcatleca, señor, 60
Huitzilopochtli, 47
Huixcatlán, 49

Ierisos, 35
INAH, Instituto Nacional de Antropología e Historia, 17, 76
Ise, santuario, 21
Italia, 37
Iztaccíhuatl, 12, 45, 68

Japón, 44, 71
Jerusalén, 20, 61
Jiménez, Luz, 67
Juárez, Benito, 65, 67
Jünger, Ernst, 18, 51, 69, 75, 76

Kakuzo, Okakura, 25, 26
Kali-Yuga, edad, 23
Kamakura, 23
Kioto, 71
Kiyohiko, Munakata, 26, 31
Kunlun, cordillera, 29
Kwannon (Avalokitesvara), 21

La Azteca, 43
Laguna de México, 50
La Santísima Trinidad, iglesia, 62
La Santísima, barrio de
 Tepoztlán, 12, 50
Lewis, Oscar, 68
Livio, 37
López Austin, Alfredo, 47
Lulio, Raimundo, 35

Macedonia, 33
Machu-Picchu, 32
Madrid, 64
Madrid, Miguel de la, 75
Malinalco, 13
Maltrata, cumbres, 41
Marco Polo, 38
Marquesado, 61, 62
Matlalcueye, monte, 45
Matterhorn, monte, 41
Mayer, 40
Meru, monte, 29
Metropolitan, museo, 31
Metzgerberg, 42
México, 12, 13, 17, 22, 26, 31,
 38-40, 44, 46, 62, 66, 75
México, ciudad de, 23, 39, 50
México-Tenochtitlán, 61, 62
Mextitla, 80
Meza, soldado español, 40
Milpa Alta, 65, 67, 68
Moctezuma, emperador, 60
Moisés, 34
Montana, soldado español, 40
Mont Blanc, 41
Montségur, ciudadela, 35

Montserrat, 21
Morelos, estado, 11, 12, 14, 19,
 46, 54
Morrison, James Douglas, 12
Muromachi, periodo, 30

Nantai, monte, 44
Nikko, 20, 44
Noche Triste, la, 60
Nueva España, 63, 64
Nueva York, 31
Nutall, Zelia, 27

Oaxaca, estado, 65
Oaxtepec, 50, 54, 60, 61, 64
Ocelotépetl (Cerro del Tigre),
 29
Olimpo, monte, 25, 32, 35
Ome Tochtli, 46, 51, 54, 55
Ordaz, Diego de, 39, 40
Otto, Rudolf, 13, 69
Oztotéotl, 45

Paso y Troncoso, Francisco
 del, 64
Pedro *el Athonita*, 35
Pedro el Grande, 36
Pellicer, Carlos, 14
Petrarca, 36, 37
Pimentel, 62
Popocatépetl, 12, 38, 39, 41, 45,
 68
Prometeo, 32
Provenza, 36

Quetzalcóatl, 51, 60, 61
Quiroz, B. de Jesús, 45

Ramuz, C. F., 41, 42
Réclus, 77
Redfield, Robert, 12, 46, 55,
 65
Robelo, Cecilio A., 45, 59
Rodríguez, Francisco M., 46, 55

Roma, 34
Rosa, santa, 45
Ross, Colin, 66

Sahagún, fray Bernardino de, 51
Salónica, 35
San Andrés de la Cal (Morelos),
 pueblo, 12, 54, 64
Sánchez Ochoa, general, 39
San José, barrio de Tepoztlán,
 47, 63
San Juan Chamula (Chiapas),
 pueblo, 17
San Juan Tlacotenco (Morelos),
 pueblo, 16, 43, 65
San Luis Potosí, estado, 31
Santa Ana Chiautempan
 (Tlaxcala), pueblo, 45
Santa Ana Toci, iglesia, 45
Santa Catarina, monasterio, 35
Santa Catarina (Morelos),
 pueblo, 64, 66
Santa Cruz, barrio de Tepoztlán,
 15
Santiago Tepetlapa (Morelos),
 pueblo, 64
Santillana, Iñigo López de
 Mendoza, marqués de, 9, 38
Santo Domingo Ocotitlán
 (Morelos), pueblo, 57, 64
Senjoogahara, planicie, 44
Shantung, provincia, 17
Shelley, Percy Bysshe, 41
Showa, era, 31
Sinaí, monte, 25, 34, 35
Spengler, Oswald, 41, 67
Suiza, 40
Suzuki, Daisetz T., 70

T'aishan, montaña, 17, 21, 27,
 44
Taiwán, 79
Teopanzolco, ruinas, 66
Teuhtli, cerro, 67

Tezcatlipoca, 27
Tíbet, cordillera, 29, 38, 40
Tibón, Gutierre, 55
Tierra Caliente, 61
Tizahua, señor, 60
Tlacaelel, estadista, 62
Tlahuiltépetl (Cerro de la Luz),
 12, 15, 16, 29, 54
Tlalhuicas, 59-61
Tláloc, monte, 44
Tlalpan (Distrito Federal),
 pueblo, 80
Tlamacas, rancho, 40
Tlaxcala, 39, 40, 45
Tlaxomolco, véase Venaditos
Tlayacapan (Morelos), pueblo,
 11, 47, 54, 62
Toci, 45
Tokio, 21
Torquemada, fray Juan de, 60
Totolapan, 62

Universidad de Chicago, 65
Uxmal, 21

Valencia, 36
Venaditos, 60, 80
Veracruz, 40
Verdaguer, Jacinto, 36
Villaseñor y Sánchez, José
 Antonio de, 64
Villena, Enrique de, 9, 38
Virgilio, 32
Vitruvio, Marco Lucio, 33
Von Haller, Albrecht, 40
Von Humboldt, Alexander, 40
Vossler, Karl, 37

Whymper, E., 41
Womack, John, 65
Wu Yo (las Cinco Montañas), 27

Xochicálcatl, monstruo, 47-49
Xochicalco, 47-49

Xochimilco, 65
Yao, dinastía, 27
Yautepec, 54, 60, 61, 64
Yecapixtla, 60-62
Yoatzin, rey, 61, 62
Yohualychan, señor, 60

Zapata, Emiliano, 65
Zapopan, 21
Zeus, 32
Zúñiga Navarrete, Ángel, 12, 22, 59

Glosario

calpulli: "Casa o sala grande o barrio", según el ilustre tabasqueño Francisco J. Santamaría, habiendo sido una "especie de comunidad agraria del sistema indígena precolonial".
cúes: Las pirámides mexicanas.
chalmero: Persona que va a Chalma en peregrinación.
ejido: "Es un campo a la salida de un pueblo, común a todos sus vecinos, donde suelen reunirse los ganados o establecerse las eras, derivado del antiguo verbo *exir*, 'salir', proveniente del latín *exire*" (Corominas, 1955-1957).
juncia: Se llama así, en Chiapas y en Tabasco, al *jalocote*, planta pinácea. "La hoja del pino, que se utiliza para echar en el suelo de las habitaciones, templos o sitios de reunión a modo de alfombra. Usual en Chiapas i Guatemala..." (Becerra, 1954).
nepantla: Estarse enmedio; estar en un lugar que no es un lugar.
ololiuhqui: Proviene del vocablo *ololoa*, cubrir. Es una planta "de la familia de las convolvuláceas, cuya semilla contiene un narcótico" a decir de Santamaría, usado ritualmente en ciertas zonas de México para la adivinación y el sanamiento.
teponaxtle: Instrumento de madera ahuecada, parecido a un tamboril, que se toca golpéandolo. Es "resonante y monótono", según Santamaría, aunque, strictu sensu, es duotono. Es el instrumento sagrado entre los tepoztecos, como entre los aztecas. "Se conserva en Tepoztlán uno y se dice ser el que, según un pasaje del mito del Tepozteco, este personaje quitó en son de burla... Es muy difícil verlo, por el celo religioso con que lo esconden los encargados de su custodia, y la desconfianza que caracteriza a los naturales" (Ceballos Novelo, 1935).
teules: Dioses o demonios: se llamó así durante la guerra a los conquistadores.
tlalhuica: "Son los que están poblados en tierras calientes y son náhuas... y están poblados hacia el mediodía" (Sahagún).
xicotillo: Abejorro americano, *Bombus americana*, de la familia de los Apidos y el orden de los Himenópteros (Becerra, 1954).

Notas a las cartas

1. De lo escrito, tres libros son particularmente recomendables: *Breve historia y narraciones tepoztecas*, publicado aquí mismo, en la Atenas de Morelos, Tepoztlán por otro nombre. Lo escribió un nahuatlato, oriundo de aquí, don Ángel Zúñiga; el primer libro que se publicó sobre el pueblo, en los lejanos y cercanos años del decenio de los treinta, es el libro de Robert Redfield *Tepoztlan. A Mexican Village. A Study of Folk Life* (1930). Muy útil, muy adentrado, es también el libro de Eugenia Echeverría, *Tepoztlán ¡Que viva la fiesta!* (1994).
2. A este respecto, Joaquín Gallo piensa "... que para estudiar el fenómeno de los quebrados cerros que se ven en Tepoztlán, [éste] debe [verse junto] con los de Chalma y Malinalco, pues son en todo semejantes..." Cfr. Joaquín Gallo S., *Tepoztlán. Personajes, descripciones y sucedidos* (1994). La adoración que se realiza en el Cubilete no tiene por objeto la montaña misma, sino el Cristo que se yergue en el centro geográfico de nuestra mutilada Nación.
3. Ives Bonnefoy, "El desierto de Retz y la experiencia del lugar", *Vuelta,* vol. XIX, n. 228 (1995).
4. Siendo las cinco: T'aishan, representando al sagrado este, en Shantung; Huashan, representando al sagrado oeste, en Shaanxi; la montaña Heng, sagrado norte, en Shanxi; otra montaña Heng, representando al sagrado sur, en Hunan, y la montaña Sung, que representa al sagrado centro, en Henan: en todas ellas se ofrecían sacrificios imperiales.
5. J[ohann]. G[ustav] Droysen, *Alejandro Magno*, traducción de Wenceslao Roces, Fondo de Cultura Económica, México, 1946, p. 294.
6. Azorín, *El paisaje de España visto por los españoles,* Caro Reggio, Madrid, 1923.
7. Oswald Spengler, *La decadencia de occidente,* I, II, 1.
8. A Alexis Pi-Sunyer y al que esto escribe. 31 de agosto de 1995.
9. *Historia general de las cosas de Nueva España*, III, 1. Décimo, 12, 121. "Y los autores del arte de saber hacer el *pulcre*, así como se hace ahora, se decían Tepuztécatl, Quatlapanqui, Tliloa, Papaztactzocaca, todos los cuales inventaron la manera de jacer el *pulcre* en el monte llamado Chichinautla, y por el que el dicho vino hace espuma también llamaron al monte Popozonaltépetl, que quiere decir monte espumoso; y hecho el vino convidaron los

dichos a todos los principales, viejos y viejas, en el monte que ya está referido, donde dieron de comer a todos y de beber el vino que habían hecho, y a cada uno estando en el banquete dieron cuatro tazas de vino, y a ninguno cinco por que no se emborracharan."

10. Cecilio A. Robelo, *Nombres geográficos mexicanos del estado de Morelos*, Luis G. Miranda, Cuernavaca, 1887.

11. Ángel Zúñiga Navarrete, op. cit., p. 11.

12. Fray Diego Durán, *Historia de las Indias de Nueva España e Islas de la Tierra Firme*. La prepara y da a luz Ángel Ma. Garibay K., Porrúa, México, 1967, II, XXXIX.

13. Fray Juan de Torquemada, *Monarquía Indiana*, l. IV, cap. XIII, que corresponden al t. II, p. 59, Universidad Nacional Autónoma de México, México, 1975.

14. Ibíd., II, LXXVI.

15. Héctor Pérez Martínez, *Cuauhtémoc. Vida y muerte de una cultura*, Espasa-Calpe, México, 1948, p. 133

16. Fray Diego Durán, op. cit., LXXVIII, 12.

17. José Luis Martínez, *Hernán Cortés*, Fondo de Cultura Económica y Universidad Nacional Autónoma de México, México, 1990. Entre estos pueblos figura Tepoztlán.

18. Peter Gerhard, "La evolución del pueblo rural mexicano: 1519-1975", *Historia Mexicana*, XXIV, p. 96, 1975.

19. Germán Somolinos d'Artois, "Vida y obra de Francisco Hernández", en Hernández, Francisco, *Obras completas*, I, Universidad Nacional Autónoma de México, México, 1959-1985.

20. Colin Ross, *Der Balkan Amerikas*, F. A. Brockhaus, Leipzig, 1937, p. 125.

21. Ibíd., p. 125, passim.

22. Oscar Lewis, *Tepoztlán. Un pueblo de México*, Joaquín Mortiz, México, 1968.

Agradecimientos

Es apenas apropiado que uno se acerque a sus benefactores con gratitud y con aprecio. De modo que aprovecho aquí la oportunidad de dar públicamente las gracias a don Urbano Bello y a don Félix Noriega, quienes con reverencia me participaron de la tradición; a don Miguel Bello, de quien escuché canciones y corridos; a doña Sandra Linares, doña Guadalupe Villaseñor y a doña Ximena y don Juan Carlos Martín, por su hospitalidad tepoztlánica. A don Ignacio García Lascuráin y don Alberto López por haberme hecho comentarios sobre una primera versión de estas cartas. A don Adrián Bodek, don Jorge Mercado, don Eduardo Olbes, don Tito Olivier y don Alfonso Vadillo por haberme iniciado en los arcanos, en Tepoztlán, del dominó, y *last but not least* a don Francisco E. González, don Román Gómez González de Cossío, don Máximo Martínez, don Andrés Paniagua, don Vicente Trouilleux y don Alexis Pi-Sunyer, por haber compartido conmigo largas ascensiones y retiros.

Un libro lo hacen muchos: los errores y los juicios aquí contenidos son sólo míos. Y si algo estuviere en contra de la Fe Católica, considérese no escrito.

Bibliografía

Aguirre Beltrán, Gonzalo. *El proceso de aculturación.* Universidad Nacional Autónoma de México, México, 1957.

Alvarado Tezózomoc, Fernando. *Crónica Mexicáyotl.* Instituto de Investigaciones Históricas, Universidad Nacional Autónoma de México, México, 1975.

Atl, Dr. "Paisajes del valle de México", *Revista de la Universidad de México,* vol. XXXVIII, 22, 1983.

Azorín. *El paisaje en España visto por los españoles.* Rafael Caro Reggio, Madrid, 1923

Barranco Chavarría, Alberto. "Tepoztlán: cuna de los dioses", *México Desconocido,* 70, 1982.

Barrett, Ward. *La hacienda azucarera de los Marqueses del Valle (1535-1910).* Traducción de Stella Mastrángelo. Siglo XXI, México, 1977.

Bazant, Jan. "The Conqueror's Inheritance: the Cortés-Pignatelli Mexican Estate", *The Journal of European Economic History,* 5, 2, 1976.

Bernbaum, Edwin. *Sacred Mountains of the World.* Sierra Club Books, San Francisco, 1990.

Bonnefoy, Ives. "El desierto de Retz y la experiencia del lugar", *Vuelta,* vol. XIX, n. 228, 1995.

Burckhardt, Jacob. *La cultura del Renacimiento en Italia.* Traducción de Jaime Ardal. Joaquín Gil, Barcelona, 1946.

Callois, Roger. "Los amigos de las piedras", *Vuelta,* XV, 174, 1991

Ceballos Novelo, Roque Jacinto. *Ruinas arqueológicas de Tepoztlán y Teopanzolco.* Dirección de Arqueología, México, 1933.

Chabrand, Émile. *De Barceloneta a la República Mexicana.* Traducción y notas de Luis Everaert Dubernard. Banco de México, México, 1987.

Códice Chimalpopohoca. Anales de Cuauhtitlán y Leyenda de los Soles. Instituto de Investigaciones Históricas, Universidad Nacional Autónoma de México, México, 1975.

Corominas, Joan. *Diccionario crítico-etimológico de la lengua castellana.* Gredos, Madrid, 1955-1957, IV vols.

Dávila Garibi, Ignacio J. *Epítome de voces nahuas.* Cultura, México, 1949.

Díaz del Castillo, Bernal. *Historia verdadera de la conquista de la Nueva España.* Introducción y notas de Joaquín Ramírez Cabañas. Porrúa, México, 1955.

Droysen, J. G. *Alejandro Magno.* Traducción de Wenceslao Roces. Fondo de Cultura Eco-

nómica, México, 1946.
Durán, fray Diego. *Historia de las Indias de Nueva España e Islas de la Tierra Firme*. La prepara y da a luz Ángel María Garibay K., Porrúa, México, 1967.
Duverger, Christian. *La conversión de los indios de Nueva España con el texto de los "Coloquios de los Doce" de Bernardino de Sahagún (1564)*. Traducción de María Dolores de la Peña. Fondo de Cultura Económica, México, 1993.
Echeverría, Eugenia. *Tepoztlán ¡Que viva la fiesta!* Dirección General de Culturas Populares, Cuernavaca, 1994.
Eitel, E. J. "Feng Shui", *El paseante*, II, 20-22, 1993.
Eliade, Mircea. *El chamanismo y las técnicas arcaicas de éxtasis*. Traducción de Ernestina de Champourcin. Fondo de Cultura Económica, México, 1976
—, *El mito del eterno retorno*. Traducción de Ricardo Anaya. Emecé, Buenos Aires, 1968.
Faus, Agustín. *Diccionario de la montaña*. Juventud, Barcelona, 1963.
Frisch, Max. *Guillermo Tell. Una historia ejemplar*. Versión de Laura Berenguer. Laia, Barcelona, 1979
Gallo, Joaquín S. *Tepoztlán. Personajes, descripciones y sucesos*. Edición del autor, México, 1994
Gerhard, Peter, "La evolución del pueblo rural mexicano: 1519-1975", *Historia Mexicana*, XXIV, 96, 1975.
Gómez Robledo, Antonio. *Dante Alighieri*. Universidad Nacional Autónoma de México, México, 1975, II vols.
Graves, Robert. *La diosa blanca. Historia comparada del mito poético*. Traducción de Luis Echavárrj. Losada, Buenos Aires, 1970.
Guénon, René. *El Rey del mundo*. Traducción de Pedro García García. Luis Cárcamo, Barcelona, 1987.
Hernández, Francisco. *Historia natural de Nueva España*. Universidad Nacional de México, México, 1959.
Hernández Chapa, Guillermo. *Herencia e identidad. Santa Catarina un pueblo náhuatl.* S. p. i. [Tepoztlán, 1995].
Horcasitas, Fernando. *De Porfirio Díaz a Zapata. Memoria náhuatl de Milpa Alta*. Universidad Nacional Autónoma de México, México, 1968.
Jünger, Ernst. *La tijera*. Traducción de Andrés Sánchez Pascual. Tusquets, Barcelona, 1994.
León Portilla, Miguel. "Those Made Worthy by Divine Sacrifice: Faith of Ancient Mexico", *South and Meso-American Native Spirituality*. Gary H. Gossen in collaboration with Miguel León-Portilla. The Crossroad Publishing, Nueva York, 1993.
Lewis, Oscar. *Tepoztlán. Un pueblo de México*. Traducción de Lauro Zavala. Joaquín Mortiz, México, 1968
López Austin, Alfredo. *Hombre-dios. Religión y política en el mundo náhuatl*. Universidad Nacional Autónoma de Méxi-

co, México, 1977.
López, Rafael. "La vejez del volcán", *Prosas transeúntes*. Aztlán, México, 1925.
Loverdo, Costa de. *J'ai été moine au Mont Athos*. La Colombe, Éditions du vieux Colombier, París, 1956.
Martínez, José Luis. *Hernán Cortés*. Fondo de Cultura Económica y Universidad Nacional Autónoma de México, México, 1990.
Mayer, Brantz. *México, lo que fue y lo que es*. Traducción de Francisco A. Delpiane. Fondo de Cultura Económica, México, 1953.
Miranda, José. "España y Nueva España en la época de Felipe II", en Hernández, Francisco. *Obras completas*. Universidad Nacional Autónoma de México, México, 1959-1985.
Monroy Caracas, Everardo. *La ira del Tepozteco. ¡Un pueblo en vilo ante la ambición y el engaño!* Edición del autor, Tepoztlán, 1995.
Munakata, Kirohiro. *Sacred Mountains in Chinese Art*. The University of Chicago Press, Kranmert Art Museum, Urbana, 1991.
Okakura, Kakuzo. *The Ideals of the East with Special Reference to the Art of Japan*. Charles E. Tuttle, Rutland y Tokio, 1970.
Otto, Rodolfo. *Lo Santo. Lo racional y lo irracional en la idea de Dios*. Revista de Occidente, Madrid, 1925.
Pellicer, Carlos. *Obras. Poesía*. Fondo de Cultura Económica, México, 1995.
—, *Piedra de sacrificios. Poema iberoamericano 1924*. Prólogo de José Vasconcelos. El Equilibrista, México, 1993.
Pérez Martínez, Héctor. *Cuauhtémoc. Vida y muerte de una cultura*. Espasa-Calpe, México, 1948.
Poesía precolombina. Selección, introducción y notas de Miguel Ángel Asturias. Compañía General Fabril Editora, Buenos Aires, 1960.
Rambach, Pierre y Susanne. *Jardins de longévité. Chine Japon. L'art des dresseurs de pierres*. Skira, Ginebra, 1987.
Reclús, Eliseo. *La montaña*. Traducción de A. López Rodrigo. F. Sempere y Ca., Valencia, c1905.
Redfield, Robert. *Tepoztlan. A Mexican Village. A Study of Folk Life*. The University of Chicago Press, Chicago, 1930.
Robelo, Cecilio A. *Nombres geográficos mexicanos del estado de Morelos*. Luis G. Miranda, Cuernavaca, 1887.
Robles Ubaldo, Humberto Juventino. *Leyenda del Tepozteco. Texto náhuatl, español, inglés, francés y alemán*. Edición del autor, Tepoztlán, 1977.
Rollin Patch, Howard. *El otro mundo en la literatura medieval*. Traducción de Jorge Hernández Campos. Fondo de Cultura Económica, México, 1956.
Ross, Colin. *Der Balkan Amerikas*. F. A. Brockhaus, Leipzig, 1937.
Sahagún, fray Bernardino de. *Historia general de las cosas de Nueva España*. La dispuso para

la prensa en esta nueva edición Ángel María Garibay K. Porrúa, México, 1956, IV vols.
Salinas, Miguel. *La Sierra de Tepoztlán, Morelos*. Victoria, México, 1919.
Schama, Simon. *Landscape and Memory*. Alfred A. Knopf, Nueva York, 1995.
Sejourné, Laurette. *Pensamiento y religión en el México antiguo*. Fondo de Cultura Económica, México, 1957.
Suzuki, Daisetz T. *Zen and Japanese Culture*. Charles E. Tuttle, Vermont y Tokio, 1988.
Teja Zabre, Alfredo. *Morelos*. Espasa-Calpe, México, 1946.
Torquemada, fray Juan de. *Monarquía indiana*. Universidad Nacional Autónoma de México, México, 1975.
Valdés, Luz María. *El perfil demográfico de los indios mexicanos*. Siglo XXI, México, 1988.
Von Mentz de Boede, Brigida Margarita. *México en el siglo XIX visto por los alemanes*. Universidad Nacional Autónoma de México, México, 1982.
Von Wobeser, Gisela. "El uso del agua en la región de Cuernavaca, Cuautla durante la época colonial", *Historia Mexicana*, XXXII, 128, 1983.
Vossler, Karl. *La poesía de la soledad en España*. Traducción de Ramón de la Serna y Espina. Losada, Buenos Aires, 1946.
Wakatsuki, Fukuyiro. *Tradiciones japonesas*. Traducción de M. Morales. Espasa-Calpe, Madrid, 1940.
Werner, E. T. C. *A dictionary of Chinese Mithology*. Longwood Academic, Wakefield, 1990.
Womack, John. *Zapata y la Revolución mexicana*. Traducción de Francisco González Aramburu. Siglo XXI, México, 1969
Zúñiga Navarrete, Ángel. *Breve historia y narraciones tepoztecas*. S. p. i. [Tepoztlán, 1994].

Fotocomposición: Alfavit, S. A. de C. V.
Impresión: Xpert Press, S. A. de C. V.
Oaxaca 1, 10700 México, D. F.
22-IV-1997
Edición de 1000 ejemplares